HEYNE
BÜCHER

W0197832

NAURA HAYDEN

LIEBESENERGIE

Liebe Dich selbst
und Du wirst geliebt

Aus dem Englischen
von Natascha Wolf

Deutsche Erstausgabe

WILHELM HEYNE VERLAG
MÜNCHEN

HEYNE ALLGEMEINE REIHE
Nr. 01/9419

Titel der Originalausgabe
ENERGY

Redaktion: Werner Heilmann

ISBN 3-453-08245-1

ACHTUNG!!!

Dieses Buch kann Ihr Leben verändern!

Für die Liebe, die Gott ist . . .
der die Liebe ist . . .
die Gott ist . . .
der die Liebe ist . . .
die Gott ist . . .

Inhalt

Vorwort

Auf der ganzen Welt gibt es keinen Menschen, der nicht von diesem Buch profitieren kann. Ganz gleich, wer Sie sind und was Sie für einen Beruf haben – Fensterputzer, Zirkusdirektor, Automechaniker, Kosmetikerin, Händler (Autos oder Obst und Gemüse), Debütantin, Schwesternhelferin, Opernsänger, Kapitän (Flugzeug oder Modellschiff), Installateur, Tierarzt, Ballettänzerin, Bestattungsunternehmer, Maler (Porträt oder Fassaden) – dieses Buch kann Ihr Leben verändern. Und wird es verändern, wenn Sie auch nur einen kleinen Teil von dem, was Sie hier lesen, auf sich beziehen und dann in die Tat umsetzen.

Als ich mein letztes Buch fertig hatte, bin ich durch die ganzen Vereinigten Staaten gefahren und habe es in fast allen bekannten Großstädten im Lokalfernsehen oder im Radio vorgestellt. Und ich hatte einen sagenhaften Erfolg damit. Nach jedem Auftritt oder Interview haben unglaublich viele Zuschauer oder Zuhörer angerufen. Die Telefonleitungen der Studios waren völlig blockiert von den Hunderten von Anrufen, und deshalb habe ich mir angewöhnt, nach jeder Sendung noch eine Weile im Studio zu bleiben, um mit so vielen Zuhörern wie möglich persönlich sprechen zu können. Die meisten Produzenten bestätigten mir, daß ich viel mehr Resonanz gehabt hätte als jemals irgendein anderer Studiogast vorher. Und diese gigantische Popularität habe ich nicht mir, sondern meiner enormen Energie zu verdanken. Es klingt unwahrscheinlich und hat auch mich zuerst wirklich überrascht: Aber die meisten Menschen haben sich hauptsächlich für meine Vitalität, meine Dynamik, meine Tatkraft interessiert. Energie, in anderen Worten: Tatendrang und Schwung, scheint das zu sein, was den meisten Menschen abgeht, und deshalb wollen sie darüber soviel wie möglich in Erfahrung bringen.

Aus diesem Grund habe ich beschlossen, dieses Buch zu schreiben, das ausschließlich von Energie handelt – von körperlicher (sexueller), geistiger und seelischer Energie.

Durch einen glücklichen Zufall habe ich die Quellen dieser drei Energieformen gefunden, und ich möchte dieses Wissen mit allen Menschen teilen. Nun sagen viele: »Aber ich bin mir sicher, daß Sie schon immer so viel Energie besessen haben. Sie ist Ihnen wahrscheinlich angeboren.« Und dann muß ich antworten, daß das nicht stimmt. Es war sogar so, daß ich, kurz bevor ich die wichtigste Energiequelle entdeckt habe, sozusagen am Tiefpunkt der Energielosigkeit angekommen war. Ich war so schwach, daß ich kaum mehr aus eigener Kraft durchs Zimmer laufen konnte. Aber *die* Zeiten sind für immer vorbei.

Also lesen Sie weiter – und ändern Sie Ihr Leben!

Einleitung

Sind Sie ein Opfer der Humanenergie-Krise?

Fühlen Sie sich am Ende des Tages völlig ausgelaugt und manchmal vielleicht sogar schon am Morgen schlapp und erschöpft?

Und haben Sie ab und zu das Gefühl, das Leben mache eigentlich so gar keinen richtigen Spaß?

Sind Sie manchmal einfach zu müde zum Sex, oder fehlt Ihnen die gewünschte Ausdauer beim Liebesspiel?

Sind Sie oft lustlos oder einfach grundlos down, und putschen Sie sich deshalb mit viel Kaffee auf?

Konsumieren Sie einen Haufen Glimmstengel, weil Sie glauben, dadurch mehr Elan zu bekommen?

Trinken Sie vor dem Essen häufig einen Aperitif und vielleicht, so über den Tag verteilt, auch noch ein paar Gläser Scotch?

Leiden Sie unter Angstzuständen und/oder depressiven Phasen, und fühlen Sie sich manchmal einfach vollkommen kraftlos?

Wenn Sie auch nur eine dieser Fragen mit Ja beantwortet und darüber hinaus das Gefühl haben, Sie bräuchten irgendeine Art von ›Aufputschmittel‹, um sich durch den Tag zu bringen, dann sind Sie zweifelsohne ein Opfer der Humanenergie-Krise.

Alle Welt spricht von Energieknappheit – Gas, Öl, Kohle, Elektrizität etc. –, dabei ist die allerwichtigste

Energie doch die, die unseren inneren Motor am Laufen hält, die uns soviel Schwung und Lebensfreude verschafft, daß wir glauben, alle Probleme meistern zu können. Die Energie, die es uns ermöglicht zu lächeln, weil wir wissen, daß wir auch nach temporären Tiefschlägen immer noch genug Antriebskraft in uns haben, um uns wieder aufzurappeln.

Sehen Sie, wir alle haben Probleme – jeder Mensch hat welche. Auch die, die so aussehen oder so tun, als hätten sie keine. Jemand kann einen Haufen Geld auf der Bank haben, ein vollständig abbezahltes Haus, einen super Sportwagen, einen tollen Job, und trotzdem könnte es sein, daß seine Frau – die er über alles liebt – ihn wegen eines dahergelaufenen jungen Spunds einfach sitzenläßt. Nicht die Tatsache, daß wir Probleme haben, macht uns fertig; es kommt vielmehr auf die Art und Weise an, wie wir mit ihnen umgehen.

Und dieses Buch wird Ihnen zeigen, wie Sie Ihre Probleme besser in den Griff bekommen.

Es ist in drei Teile gegliedert – körperliche, geistige und seelische Energie. Haben Sie erst einmal Ihren Körper in Form und Ihren Verstand auf Vordermann gebracht sowie Ihr Gefühlsleben geordnet, werden Sie sich wundern, wieviel Energie Ihnen zur Verfügung steht. Wir bemerken meist gar nicht, wie sehr Verspannungen (fehlgeleitete und ›steckengebliebene‹ Energie) dafür verantwortlich sind, daß wir uns erschöpft und müde und depressiv und mutlos fühlen. Ich würde sagen, daß wir uns, wenn wir so weitermachen, keine Sorgen über Gas- und Ölknappheit zu machen brauchen. Wir werden vielmehr bald an Therapeutenknappheit leiden, wenn wir nicht endlich lernen, vernünftig mit unserem Körper, unserem Geist und unserer Seele umzugehen.

Hunderttausende Menschen sind bei Psychiatern, Psychologen und Therapeuten in Behandlung, um die Hilfe zu bekommen, die sie dringend benötigen. Und ihre Zahl steigt beständig. Die Gründe dafür sind unterschiedlichster Natur. Zum einen liegt es daran, daß wir uns von so viel Ungesundem ernähren – Süßigkeiten, Alkohol, Kaffee, Kartoffelchips etc. –, daß unser Körper gar nicht mehr richtig funktionieren kann. Ein anderer Grund ist der schlimme moralische Verfall, der Mitte der 1950er Jahre mit den Fernsehskandalen anfing und seither auf alle Gebiete übergegriffen hat, vor allem auf die Politik. Wenn wir zusehen müssen, wie die gewählten Volksvertreter lügen und betrügen und glauben, selbst weit über dem Gesetz zu stehen, dann verwirrt und verunsichert uns das. Warum sollten ausgerechnet wir ehrlich sein, wenn es sonst keiner ist? Diese Verunsicherung ist eines der Probleme, die am schwierigsten in den Griff zu bekommen sind, und sie kann jeden, der nichts dagegen unternimmt, wirklich fertigmachen.

Ein schönes Beispiel dafür ist die Geschichte von dem kleinen zehnjährigen Jungen, der 1920 vor dem Gerichtsgebäude auf ›Shoeless Joe‹ Jackson wartete, einen Spieler der Chicago White Sox, den man für schuldig befunden hatte, zusammen mit einigen anderen Spielern die eigene Mannschaft beim letztjährigen World-Series-Spiel ausgebootet zu haben (wegen dieses Skandals wurden die White Sox auch eine Zeitlang ›Black Sox‹ genannt). Aber wie auch immer – jedenfalls rannte der kleine Kerl tränenüberströmt zu seinem Helden Jackson hin und flehte ihn richtiggehend an: »Sag bitte, daß das nicht wahr ist, Joe!«

Genau so empfindet jeder von uns, wenn er merkt, daß das Verhalten unserer Umwelt nicht mit dem moralischen Standard übereinstimmt: Wir sind verwirrt, fühlen uns aus dem Gleis geworfen und gleichzeitig wie gelähmt. Stehen wir dann mit böse zugerichtetem Ego vor den Scherben unseres Glücks, kann das ganz schön an den Lebensnerv gehen. Ich wüßte nichts, was schwerer zu überwinden wäre als solche seelischen Tiefschläge. Sie führen dazu, daß wir uns elend und ausgelaugt und wertlos und unnütz vorkommen und folglich einen Seelenklempner aufsuchen, was viel Zeit und noch mehr Geld kostet.

Natürlich tut es gut, jemanden zu haben, der uns eine Stunde lang seine ungeteilte Aufmerksamkeit schenkt und versucht, uns bei der Lösung unserer Probleme zu helfen. Aber wenn wir ehrlich sind, müssen wir auch zugeben, daß es langfristig nicht unbedingt etwas bringt, immer wieder unsere Kindheit nach traumatischen Erlebnissen zu durchforsten, auf die wir dann unsere gegenwärtigen Probleme schieben können. Es ist doch vielmehr so, daß wir *jetzt und heute* emotional verwirrt sind und daß unsere Probleme direkt mit diesem Jetzt und Heute zusammenhängen. Kann sein, daß Mami uns angebrüllt hat, als wir vier Jahre alt waren, und vielleicht hat Paps uns auch mal eine Ohrfeige gegeben, als wir zehn waren. Aber heute sind wir weder vier noch zehn. Wir sind erwachsen. Und wenn wir in der Lage sind, die Tatsache zu akzeptieren, daß Mami ganz schön neurotisch war und Paps selber eine Menge emotionale Probleme hatte und daß sie folglich nicht deshalb auf uns losgingen, weil wir irgendwie minderwertig gewesen wären, sondern nur, weil sie mit sich selber nicht klar kamen und uns nur dazu benutzten, sich abzureagieren – wenn wir das erkannt haben, dann sind wir wirklich gereift und erwachsen. Natürlich können wir uns immer noch über sie ärgern und diesen Ärger jahrelang mit uns herumschleppen, aber was hätte das für einen Sinn? Damit verletzen wir nämlich nicht sie, sondern wir tun nur uns selber weh.

Die einzige Frage, die uns wirklich beschäftigen sollte, ist die, wie wir unsere Gegenwart am besten in den Griff bekommen. Sich mit Wut und Ärger über etwas längst Vergangenes zu belasten, ist unlogisch, vollkommen überflüssig und schlaucht uns körperlich und geistig. Und ganz besonders nimmt es uns seelisch mit. Setzen Sie sich also lieber einmal in Ruhe hin und sagen Sie sich: Okay, in der Vergangenheit habe ich viel Unfaires mitgemacht, und wahrscheinlich wird auch in Zukunft viel passieren, was keineswegs fair ist; aber all das geschieht nicht, weil ich minderwertig oder ein schlechter Mensch wäre, sondern weil ein ganz beträchtlicher Teil unserer Welt verwirrt und neurotisch ist und die Menschen deshalb fast automatisch zu Egoisten werden – jeder ist so mit sich selber und mit seinen eigenen Problemen beschäftigt, daß er seinen Mitmenschen gar nicht mehr gerecht werden, geschweige denn sich um sie kümmern und auf sie eingehen kann. Haben Sie das einmal erkannt, dann sind Sie bereits auf dem richtigen und besten Wege, Ihre eigene Humanenergie-Krise zu überwinden und Liebesenergie zu entwickeln.

In diesem Buch geht es also im Prinzip vor allem darum: Sie sollen lernen, schlechte Gewohnheiten zu erkennen, die nichts als unnütze Energieverschwendung sind. Und Sie sollen lernen, all diese üblen Angewohnheiten, die Sie körperlich, geistig und seelisch auslaugen, abzulegen und für immer loszuwerden. Ist Ihr persönlicher Energielevel niedrig, können Sie beim besten Willen nichts Großartiges zustande bringen; Sie fühlen sich dann nur deprimiert und erschöpft und neigen dazu, in jeder Hinsicht viel zu rasch aufzugeben. Aber das muß nicht so sein. Sind Sie bereit, nur ein paar Gewohnheiten zu ändern, dann steht Ihnen bald ein riesiges Energiepotential zur Verfügung, auf das Sie bei Bedarf jederzeit zurückgreifen können und das Ihnen unter anderem auch genügend Liebesenergie bescheren wird, um bislang ungeahnte Freuden und Genüsse zu erleben.

Eigentlich ist das Ganze ein regelrechter Krieg zwischen Anspannung und Energie. Was das eine Potential an Boden gewinnt, verliert automatisch das andere. Lesen Sie weiter – und finden Sie heraus, wie Sie Anspannung und Verkrampfung für immer loswerden können. Mit der dadurch freigesetzten ungeheuren Energie und Lebensfreude, die Sie dann erfüllen wird, werden Sie alles erreichen können, was Sie sich schon immer gewünscht haben. Und Sie werden endlich so glücklich sein, wie Sie es verdienen.

I

KÖRPERLICHE LIEBESENERGIE

1. Kapitel
Wie ein magischer Energietrank Anspannung in Energie umwandelt

Wenn Sie eine Umfrage machen würden, was sich die Menschen am meisten wünschen, dann bekämen Sie sicherlich zur Antwort: Energie und Liebe. Energie, das heißt Tatkraft, Lebensfreude, Unternehmungslust, Schwung, Elan und Liebeslust. Energie ist das A und O. Energie ist Gesundheit. Ausreichend vorhandene und richtig gelenkte Energie wird Ihnen alles bescheren, was Sie sich nur wünschen – Liebe, Freundschaft, Geld, Macht, Erfolg, Spaß – *einfach alles!*

Sobald Sie voller Energie stecken, werden Sie das Gefühl haben, es mit der ganzen Welt aufnehmen zu können; das Gefühl, es gäbe nichts, was nicht erreichbar wäre. Und wissen Sie was? Es wird tatsächlich nichts geben, was Sie nicht erreichen können. Ängste, Unsicherheit und Depressionen werden verschwinden. Ihr ganzes Leben wird sich drastisch zum Positiven hin verändern, sobald Ihr Körper voller Energie steckt. Glauben Sie mir: Eine ganz neue Welt voller Abenteuer und Erfolgserlebnisse wird sich vor Ihnen auftun.

Was die meisten Menschen nicht wissen, ist, daß es eigentlich ganz einfach ist, über soviel Energie zu verfügen – man muß nur das Geheimnis kennen.

Bevor ich dieses Geheimnis kannte, habe ich schrecklich viel geraucht und Unmengen Kaffee in mich hineingeschüttet, um mich auf Trab zu bringen. Ohne diese ›Aufputschmittel‹ hätte ich nie bis zum Abend durchgehalten. Inzwischen habe ich herausgefunden, daß fast alle Menschen diese Dinge brauchen – und eine Menge Zucker noch dazu. Zucker gilt fälschlicherweise als Energiespender; dabei verhilft er in Wahrheit nur zu einem kurzfristigen Hoch, um uns daraufhin in um so tiefere Depressionen verfallen zu lassen – ein richtiger Teufelskreis. Zucker ist schlecht für Sie, und bedenken Sie, daß Zucker nicht nur in Form von Würfelzucker existiert. Er ist auch in Kuchen, Gebäck, Limonaden, Marmeladen, Ketchup, Weißbrot und allen anderen stärkehaltigen Lebensmitteln enthalten.

Bevor ich mein wunderbares Energiegeheimnis entdeckte, war ich oft müde und schon in jungen Jahren körperlich völlig auf den Hund gekommen. Wie ich in meinem Buch *The Hip, High-Prote, Low-Cal, Easy-Does-It Cookbook* (noch nicht in Deutsch erschienen) beschrieben habe, litt ich schon als Kind häufig unter Lippenbläschen und Mundgeschwüren, und wer auch nur ein einziges hatte, weiß, wie schmerzhaft das ist. Mundgeschwüre sind so etwas Ähnliches wie Magengeschwüre, nur kommen die eben nicht im Bauch, sondern im Mund vor. Sie entstehen durch Anspannung – Verspannungen, die in meinem Fall von zuviel Süßigkeiten, Kuchen und Zucker überhaupt herrührten. Um Zucker verbrennen zu können, braucht unser Körper sehr viele Vitamine der B-Gruppe, sonst funktioniert der Stoffwechsel nicht. Und Sie sollten wissen, daß ein Mangel an B-Vitaminen jedermann nicht nur sehr, sehr nervös, rappelig und verspannt machen kann, sondern eventuell auch die Ursache von Lippenbläschen, Mund- und Magengeschwüren, Herzinfarkten, Akne, Nervenschmerzen, schweren seelischen Depressionen und anderen häßlichen Dingen ist.

Paradoxerweise verursacht zu hoher Zuckerkonsum manchmal sogar Hypoglykämie, das heißt einen zu niedrigen Zuckerspiegel im Blut. In diesem Fall wird die Bauchspeicheldrüse so überstimuliert, daß sie zuviel Insulin produziert (den Stoff, der bei Gesunden den Blutzuckerspiegel reguliert), was dann zu dem sogenannten ›Unterzucker‹ führt. Diese Hypoglykämie ist das genaue Gegenteil von Diabetes, der Zuckerkrankheit, bei der man zuviel Zucker im Blut hat, weil die Bauchspeicheldrüse nicht genug Insulin abgibt, um den Blutzuckerspiegel in Ordnung zu halten. Nun ist der landläufige Name ›Unterzucker‹ leider absolut irreführend. Das klingt nämlich so, als handle es sich dabei um etwas, das dadurch korrigiert werden könnte, daß man Zucker zu sich nimmt. Genaugenommen sind auch alle Werbesprüche irreführend, die Zucker als Energiespender propagieren. Sicher ist Zucker ein Energiespender – aber nur ungefähr zehn Minuten lang. Danach läßt er Sie in Lethargie und Depression verfallen.

Ein echter Energiespender sind dagegen Proteine, wie sie zum Beispiel in Obst enthalten sind. Je mehr Sie davon essen, desto besser. Wenn Sie also das Gefühl haben, Ihnen fehlt die nötige Energie, sollten Sie lieber ein hartgekochtes Ei, einen Apfel oder eine Handvoll Sonnenblumenkerne essen (die sind übrigens auch *phantastisch* für Ihre Augen). Sie werden überrascht sein, wie super Sie sich danach fühlen – und zwar nicht nur die nächsten zehn Minuten, son-

21

dern mehrere Stunden lang! Und Sie werden auch keinen abrupten Energieabfall zu spüren bekommen. Diese Energiespender wirken nämlich nicht nur länger als Zucker, sondern auch gleichmäßiger.

Früher habe ich Unmengen Zucker konsumiert, Unmengen Kaffee in mich hineingeschüttet und Unmengen Zigaretten gequalmt. Ich habe diese ›Aufputschmittel‹ gebraucht, um durch den Tag zu kommen. Das alles sind Drogen, weil sie nämlich süchtig machen, aber ich brauchte sie einfach, so wie Millionen anderer Menschen es heute noch tun. Aber dann hatte ich unwahrscheinliches Glück. Ich wurde sehr krank, ein völliges körperliches Wrack, und hatte überhaupt keine Energie mehr – nicht einmal genug Kraft, um auf eigenen Beinen durchs Zimmer zu laufen. Die Ärzte nahmen alle an, ich sei nierenkrank oder hätte irgendeine andere schreckliche Krankheit, die dem Körper sämtliche Energie entzieht. Sie schickten mich ins Krankenhaus, wo man so ungefähr alle Tests mit mir machte, die man sich nur denken kann, aber sie fanden nie heraus, was wirklich die Ursache für meinen Kollaps war. Ich wiederhole mich nur ungern, aber viele von Ihnen kennen meine anderen Bücher noch nicht, und ich möchte, daß auch meine neuen Leser erfahren, wie es dazu kam, daß ich mich mit Ernährungslehre beschäftigt habe.

Nun, jedenfalls brachte mir meine Freundin Rachel Perry das Buch *Let's Eat Right to keep Fit* (nicht in Deutsch)* von Adelle Davis ins Krankenhaus, und ich fand darin so viele meiner Symptome beschrieben, daß ich augenblicklich anfing, einige Vit-

---

* Siehe »Weiterführende Literatur« S. 198

amine zu nehmen. Ungefähr einen Monat bevor ich ins Krankenhaus eingeliefert wurde, hatte mein Zahnfleisch so stark zu bluten begonnen (eigentlich litt ich schon seit meiner Kindheit immer wieder an Zahnfleischbluten), daß ich einen Spezialisten aufsuchte, der mich doch tatsächlich operierte und – stellen Sie sich das vor! – für sehr viel Geld einen Teil meines Zahnfleischs entfernte. Nun las ich in Adelle Davis' Buch über Ernährungslehre, daß Zahnfleischbluten manchmal auf Vitamin-C-Mangel zurückzuführen ist. Ach, hätte doch mein Zahnfleischspezialist das gelesen – obwohl er dann vielleicht arbeitslos geworden wäre, denn wenn jedermann ausreichend Vitamin C nehmen würde, hätte er vielleicht nichts mehr zu operieren. Wie auch immer, jedenfalls fing mein Zahnfleisch im Krankenhaus wieder zu bluten an, und ich probierte Vitamin C aus, und wunderbarerweise (so dachte ich) hörte das Zahnfleischbluten auf.

Wie Sie sicher wissen, funktioniert der Stoffwechsel nicht bei allen Menschen genau gleich, und deshalb haben wir auch unterschiedliche Bedürfnisse, was Vitamine und Nährstoffe angeht. Ich zum Beispiel brauche wahnsinnig viel Vitamin C. Obwohl ich jeden Morgen ein Glas Orangensaft trank (was ungefähr 100 mg Vitamin C entspricht), reichte mir das einfach nicht. Heute nehme ich 10 000 mg täglich, und meinem Zahnfleisch geht es prächtig. Auch die vielen blauen Flecken (ein weiteres Anzeichen von Vitamin-C-Mangel und ein sehr peinliches, weil meine Freunde mich immer verdächtigten, heimlich masochistische Neigungen zu pflegen) verschwanden. Meine ›wunderbare Heilung‹ verblüffte mich umso mehr, als die Ärzte angesichts meines Zustandes scheinbar ratlos waren. Und so fing ich an, auch andere Vitamine auszuprobieren.

In dem Buch stand, daß Hefe mehr Vitamin B enthält als irgendein anderes Nahrungsmittel und daß ein Mangel an Vitaminen der B-Gruppe schuld an meinen Mundgeschwüren und meinen Verspannungen sein könnte. Sobald ich aus dem Krankenhaus raus war, ging ich also in ein Reformhaus und besorgte mir Hefepulver. Da es einfach abscheulich schmeckte, beschloß ich, mir etwas auszudenken, was genausoviel Vitamin B enthielt, dabei aber einen super Geschmack hätte. Und so setzte ich mich hin und erfand meinen ersten *Dynamite Energy Shake.* Ich fügte Lecithin, Kalzium, Kasein und Fructose (Fruchtzucker) sowie vier verschiedene Geschmackstoffe hinzu: Vanille, Schokolade, Walnuß und Orange. Und dann fing ich an, diesen Energietrank regelmäßig zu nehmen. Ich kann Ihnen gar nicht sagen, wie dynamisch ich davon wurde. Meine Verspannungen ließen fast augenblicklich nach, und da Verspannung nichts anderes ist als ›steckengebliebene‹ Energie, stand mir plötzlich diese ganze freigewordene Energie zur Verfügung.

Inzwischen gibt es meinen *Dynamite Energy Shake* fertig zu kaufen. Sie brauchen die Zutaten also nicht mehr einzeln zu besorgen und ihn selber zusammenzumischen. Ich habe monatelang herumexperimentiert, um das Rezept so zu perfektionieren, daß der Energietrank jetzt nicht nur super wirkt, sondern auch fantastisch schmeckt.*

Hiermit gelobe ich feierlich, daß jeder – und ich meine *jeder* –, der jeden Morgen meinen Energie-

---

* Siehe *Hinweis des Verlags* am Ende dieses Kapitels

trank als Frühstück zu sich nimmt, sich sehr rasch einfach großartig fühlen und über eine geradezu sagenhafte Energie verfügen wird. Sollten Sie zu Verspannungen, Nervenschmerzen und Depressionen neigen, werden Sie überrascht sein, wie schnell auch diese Probleme verschwinden.

Darüber hinaus werden Sie auch besser aussehen. Ihre Haut und Ihr Haar werden viel schöner sein. Als ich vor einigen Jahren in eine neue Wohnung zog, fiel mir ein gutaussehender junger Mann von achtzehn oder neunzehn Jahren auf, der die schlimmste Akne hatte, die mir jemals begegnet ist. Er war der Hausmeister des Gebäudes, und als er in meine Wohnung kam, um den Kühlschrank zu reparieren, fing ich ein Gespräch mit ihm an (ich war schon immer ein verhinderter Weltverbesserer). Er stammte aus Bolivien und war seit einem Jahr in New York. Ich sagte ihm, wie gut er aussähe, beziehungsweise aussehen könnte, wenn er erst einmal seine Haut in Ordnung gebracht hätte. Er sagte, daß er seit zwei Jahren – ein Jahr in Bolivien und ein Jahr in New York – von Hautarzt zu Hautarzt gelaufen sei. Der arme Kerl verdiente als Hausmeister bestimmt nicht viel, und doch war er gewillt, soviel Geld für seine Haut auszugeben. Der letzte Arzt hatte ihm eine spezielle Seife verschrieben, die aber auch keinen Erfolg gebracht hatte. Und vorher hatte er es schon mit Antibiotika, Salben, Tinkturen und jeder Menge Cremes versucht . . .

Nun, inzwischen war Armando jedenfalls so verzweifelt, daß er gewillt war, alles zu probieren. Ich erzählte ihm also von meinen Mundgeschwüren und wie verwandt das mit Akne sei (beides hängt mit Stoffwechselproblemen zusammen, die ihrerseits durch Verspannungen und unzureichende Versorgung mit Vitamin B bedingt sind). Nur ist es so, daß die Symptome sich bei jedem Menschen anders zeigen bzw. an einer anderen Stelle auftreten. Manche bekommen einen Herzinfarkt, andere einen Haufen Pickel.

Ich gab Armando etwas von dem *Dynamite Energy Shake*, und er fing am nächsten Morgen an, ihn zu nehmen. Das Resultat war verblüffend: Nach einigen Wochen war die Akne fast völlig zurückgegangen. Er hatte noch ein paar Pickel im Nacken, aber das Gesicht selbst war vollkommen rein. Unnötig zu sagen, wie sehr er sich darüber freute. Dann, etwa zwei Wochen später, schien er eine Art Rückfall zu haben. Er erzählte mir, daß er am Tag zuvor eine Cola getrunken habe und die Pickel über Nacht wiedergekommen seien. Ich sagte ihm, daß sein Körper offensichtlich überhaupt keinen Zucker vertrage und daß er deshalb am besten alles vollkommen meiden solle, was Zucker in irgendeiner Form enthält.

Und Armando ist nicht der einzige, dessen Akne zurückgegangen ist. Als ich für einen Fernsehauftritt in Boston war, machte mich mein Freund, der Schriftsteller George Frazier, mit der Frau eines seiner Freunde bekannt. Sie war Anfang Vierzig und litt seit ihrer Pubertät unter Akne. Ich erzählte ihr von dem Trank, und ein paar Wochen später rief sie mich in New York an, um mir zu sagen, wie fantastisch sie den Energietrank fände und daß ihre Haut zum erstenmal seit Jahrzehnten wieder rein geworden sei. Ein Wunder? Nein, eigentlich ganz logisch. Da der menschliche Organismus, vereinfacht gesprochen, auf einer bestimmten chemischen Zusammensetzung basiert, braucht man sich nicht zu wundern, daß irgendeine Funktion (sei es Haut oder Haar oder Herz oder Augen) nicht perfekt arbeitet, wenn diese Zusammensetzung auf die eine oder andere Weise aus dem Gleichgewicht gebracht ist. Und dieses Gleichgewicht hängt stark mit der Ernährung zusammen. Es ist im Grunde also nichts anderes, als wenn Sie ein Auto oder irgendeine andere präzise funktionierende Maschine mit dem falschen Treibstoff zum Laufen bringen wollen.

Ich bin nun mal eine sehr logisch denkende Person. Und deshalb weigere ich mich, irgend etwas zu tun, ohne es vorher analysiert zu haben, ohne die Ursache dafür erforscht zu haben. Alles beruht auf den Grundlagen von Ursache und Wirkung. Normalerweise vergeht jedoch einige Zeit zwischen Ursache und Wirkung, und aus diesem Grund fällt es uns in der Regel schwer, eine bestimmte Wirkung auf eine bestimmte Ursache zurückzuführen oder überhaupt eine Verbindung zwischen den beiden herzustellen. Aber wenn Sie versuchen, Ihren eigenen Motor mit unpassendem, ungesundem ›Treibstoff‹ auf Touren zu bringen, dann wird er irgendwann den Geist aufgeben. Vielleicht fängt es bei Ihren Augen an – Sie brauchen immer stärkere Gläser oder möglicherweise sogar eine Star-Operation. Oder Ihre Zähne kriegen so viele Löcher, daß Sie sich dazu entschließen, sie gleich ziehen zu lassen. Oder Ihre Haut wird faltig oder pickelig. Oder Ihr Haar wird dünn oder fängt sogar an auszufallen.

Hier besteht nun ganz definitiv ein Zusammenhang zwischen Ursache und Wirkung – zwischen dem, was Sie in Ihren Körper hineintun, und dem, was dann äußerlich mit ihm passiert. Es ist wissenschaftlich erwiesen (und ich selber bin der beste Beweis dafür, und auch Sie werden ein lebender Beweis dafür sein), daß ausreichende Zufuhr von Vitaminen der B-Gruppe sehr wichtig ist, wenn Sie reine Haut, kräftiges Haar, gute Augen, ein gesundes Herz, starke Nerven und einen hohen Energielevel haben wollen. Nun enthält mein Energietrank nicht nur unheimlich viel Vitamine B, sondern auch Proteine, Lecithine (die sind besonders wichtig für die Körperzellen, der beste natürliche Schutz gegen einen zu hohen Cholesterinspiegel und essentiell für glatte und jugendlich frische Haut) und Kalzium (das braucht jeder, besonders aber ältere Menschen, deren Knochen häufig porös und leicht brüchig werden). Wenn Sie das in Betracht ziehen, dann wird Ihnen sicherlich klar, daß Sie mit dem *Dynamite Energy Shake* einen Großteil der wichtigsten Nährstoffe zu sich nehmen.

Ich bin ganz sicher, daß jeder – und zwar ausnahmslos wirklich jeder –, der *jeden Morgen* meinen *Energy Shake* trinkt, sich schon nach einem Monat wesentlich gesünder fühlt und voller Tatkraft und Lebensfreude ist.

Sie werden alles mit viel mehr Schwung und Elan angehen, ein spürbar stärkeres Nervenkostüm haben, weniger gereizt und depressiv reagieren, Ihre Haut wird reiner sein, und Sie werden alle Probleme viel besser und leichter in den Griff bekommen. Kurz: Sie werden sich besser fühlen als jemals zuvor in Ihrem Leben.

Darüber hinaus möchte ich noch einige Vitamine empfehlen, die zusammen mit dem *Dynamite Energy Shake* für eine fantastische Gesundheit sorgen.

Hier also die Vitamine*:

Welche Vitamine Sie nehmen sollten

Einkaufsliste:
(Tabletten bzw. Dragees oder Kapseln)
Vitamin A – 10000 IE (Internationale Einheiten)
Vitamin C –   1000 mg Ascorbinsäure
Vitamin D –   1000 IE
Vitamin E –   400 IE
Dolomit (Kalzium und Magnesium) – Kalzium
130 mg, Magnesium 78 mg

Morgens (zusammen mit dem Dynamite Energy Shake):

2 Vitamin A
2 Vitamin C
1 Vitamin D
1 Vitamin E

Abends (nach dem Abendessen):

2 Vitamin A
2 Vitamin C
1 Vitamin D
1 Vitamin E
10 Dolomit-Tabletten

Jeder Körper ist – genauso wie die Psyche – in seiner Individualität einzigartig, und deshalb hat jeder Mensch auch einen unterschiedlich hohen Bedarf an Vitaminen und Mineralstoffen. Sie können mehr

* Siehe *Hinweis des Verlags* am Ende dieses Kapitels

Vitamin C (falls Sie noch immer Erkältungen bekommen) und auch mehr Vitamin E nehmen (das erleichtert die Anreicherung mit Sauerstoff, was für das Herz und auch alle anderen Muskeln gut ist). Vitamine der B-Gruppe enthält der Energietrank in ausreichender Menge. Die Dosierung der Vitamine A und D sollten Sie nicht erhöhen.

Ich werde immer wieder gefragt, ob der Trank nicht dick macht. Nein, das tut er nicht. Sie sollten allerdings daran denken, daß er eine Mahlzeit darstellt, also nichts weiter dazu essen. Trinken Sie ihn einfach als Frühstück (oder als Mittagessen), dann werden Sie bestimmt nicht zunehmen – nur sehr viel Energie gewinnen. Ich bin zwar schlank, neige aber zum Zunehmen, weshalb ich nicht nur auf die Qualität der Nahrungsmittel achte, die ich esse, sondern auch auf die Quantität. Hunderte von Menschen haben mir sogar gesagt, sie hätten mit dem Energietrank *abgenommen*. Der Gewichtsverlust variierte zwischen zwanzig und knapp achtzig Pfund – eine Frau schrieb mir, sie hätte im Laufe mehrerer Monate tatsächlich so viel abgenommen. Meine Sekretärin hat zwanzig Pfund abgenommen, seit sie den Shake als Frühstück trinkt, und mein Steuerberater 34 Pfund (und alle halten ihr neues Gewicht!).

Sie müssen den *Dynamite Energy Shake* aber wirklich jeden Tag zu sich nehmen, eingerührt in Milch oder Fruchtsaft. Wenn Sie auswärts übernachten, nehmen Sie sich einfach etwas Pulver in einem Plastikbeutel mit, und falls Sie länger verreisen, packen Sie die ganze Dose ein. Ich bin quer durch Europa und die Vereinigten Staaten und bis nach Rio und Buenos Aires gereist – immer mit dem nötigen Vorrat im Gepäck. Es ist nicht anders als bei einem elektrischen Rasierapparat oder einem Bügeleisen – Sie brauchen es, also packen Sie es ein. Und sobald Sie anfangen, sich so fantastisch zu fühlen, erkennen Sie, daß richtige Ernährung etwas ist, was Sie für Ihr Wohlbefinden brauchen!

Schon bevor ich den *Dynamite Energy Shake* auf den Markt brachte, hatte ich den Entschluß gefaßt, aus seinem Verkauf *niemals* Gewinn zu ziehen. Zum Dank dafür, daß er mein Leben so ungeheuer verändert hat. Dank ihm bin ich, die früher ein absolutes körperliches Wrack war, heute der gesündeste und fiteste Mensch, den ich kenne! Und deshalb fließt jeder Cent, den ich damit verdiene, einer Stiftung zu, die den Energietrank kostenlos an Gefängnisse, staatliche Altenheime und Nervenheilanstalten verteilt. Wenn es mir gelingt, auch nur einem einzigen Menschen die körperlichen und seelischen Qualen zu nehmen, die ich selber durchgemacht habe, dann bin ich schon sehr froh. Und der Gedanke, daß es möglicherweise sogar *Tausende* sind, denen es dadurch bessergeht, macht mich unheimlich glücklich.

Sind Sie erst einmal alle Anspannungen und Depressionen losgeworden, werden Sie nicht nur klarer und besser denken können, als jemals zuvor in Ihrem Leben – und deshalb auch ungeahnte Erfolge auf allen Gebieten erzielen –, sondern auch liebesfähiger und liebenswerter werden, was Ihnen und allen Menschen, mit denen Sie es zu tun haben, zusätzliches Glück und Vergnügen beschwert.

Ich will den Energietrank deshalb auch in die Gefängnisse bringen, weil ich wirklich überzeugt davon bin, daß Menschen nur deshalb Verbrechen begehen, weil sie aufgrund falscher Ernährung und daraus resultierendem Nährstoffmangel körperliche, geistige und seelische Probleme haben, die sie drogenabhängig machen, von wo aus es dann wiederum nurmehr ein kleiner Schritt hin zum Verbrechen ist. Außerdem möchte ich, daß ältere Menschen ihn nehmen, weil sie besonders häufig unter Nährstoffmangel leiden. Vielleicht kann ich so dafür sorgen, daß sie, anstatt sich Knochen zu brechen und im Rollstuhl zu landen, sich einfach super fühlen und bis zuletzt fröhlich und aktiv bleiben. Der *Dynamite Energy Shake* hat mein Leben total verändert, und ich finde den Gedanken unheimlich aufregend, daß ich fähig sein könnte, auch anderen Menschen dazu zu verhelfen, daß sie sich ganz genauso fantastisch fühlen, wie ich es tue. Nichts wünsche ich mir sehnlicher, als daß *jeder* sich so toll fühlt wie ich!

Wie wichtig Lecithine sind, erfuhr ich aus Linda Clarks fabelhaftem Buch *Stay Young Longer*. Darin beschreibt sie, daß Lecithine neueren Forschungsergebnissen zufolge:

1. Den Cholesterinspiegel senken und dazu beitragen, bereits vorhandene Ablagerungen in den Arterien zu lösen.
2. Bei manchen Menschen den Blutdruck senken.
3. Gerade ältere Menschen wacher und lebhafter machen.
4. Das Gammaglobulin im Blut vermehren, was Infektionskrankheiten vorbeugt und bekämpft.
5. Bei Akne, Ekzemen und Schuppenflechte helfen.
6. Alternde Haut glätten und die Haut auch bei Gewichtsabnahme elastisch erhalten.
7. Als Beruhigungsmittel wirken und bei nervösen Erschöpfungszuständen Linderung bringen.

8. Als Gehirnnahrung dienen und dazu beitragen, die Hirnzellen zu erneuern (einer Studie zufolge wies das Gehirn eines Geisteskranken nur die Hälfte des Lecithingehaltes auf, den man in einem normalen Gehirn findet).
9. Die Potenz erhöhen können (Samenflüssigkeit enthält viel Lecithin).
10. Bei Drüsen- und nervösen Störungen helfen.
11. Das Gewicht umverlagern, es also von Körperstellen, wo es unerwünscht ist, auf Körperteile umschichten, wo es gebraucht wird.
12. Die Aufnahme der Vitamine A und E fördern.
13. Einer Fettleber vorbeugen respektive sie heilen können.
14. Das Leben von Tieren verlängern und für ein schönes Fell und gesteigerte Wachsamkeit sorgen.
15. Den Insulinbedarf bei Zuckerkranken senken (gemeinsam mit Vitamin E).

Jetzt würde ich gerne auf die Vitamine zu sprechen kommen, damit Sie wissen, warum Sie sie nehmen sollten und was die einzelnen Vitamine und Mineralstoffe für Ihren Körper tun können.

Vitamin A ist wichtig für gute Haut – es schützt und regeneriert die Haut und hilft gegen Hautunreinheiten. Darüber hinaus sorgt es für glänzendes Haar, verbessert das Sehvermögen (vor allem bei Dunkelheit), fördert das Zellwachstum und unterstützt die körpereigene Abwehrkraft. Die Vitamine A und E wirken zusammen und sollten auch zusammen eingenommen werden, da Vitamin A ohne Vitamin E nicht wirksam werden kann. Vitamin A findet man in grünem und gelbem Gemüse und

Obst. Empfohlen werden 5000 Einheiten pro Tag, aber ich nehme 50000 und halte 25000 IE pro Tag für die Mindestdosis für einen Erwachsenen. A und D sind die einzigen Vitamine, die schädliche Nebenwirkungen haben können, aber nur, wenn Sie sie sehr hochdosiert nehmen. E. Lehmann und H. G. Rapaport beschrieben im *Journal of the American Medical Association No. 94* (1940), daß sie Kindern über einen längeren Zeitraum hinweg täglich 300000 Einheiten Vitamin A gaben, ohne daß sich irgendwelche Vergiftungserscheinungen bemerkbar gemacht hätten. Andere Ärzte haben in bestimmten Fällen monatelang tägliche Dosen von 200000 Einheiten verordnet. Und laut F. Bicknell und F. Prescott, *The Vitamins in Medicine,* läßt sich die Toxizität von Vitamin A durch eine vermehrte Einnahme von Vitamin C ausgleichen.

Ich war in vielen Talkshows zusammen mit Ärzten eingeladen, die versuchen, den Leuten Angst einzujagen, indem sie behaupten, daß mehr als 5000 IE Vitamin A gesundheitsschädlich seien. Aber ausnahmslos alle waren überrascht, als ich darauf hinwies, daß laut dem *United States Department of Agriculture Handbook No. 8, Composition of Foods* (herausgegeben vom Agricultural Research Service of the United States) schon 300 Gramm Rinderleber über 100000 Einheiten Vitamin A enthalten und daß in 100 Gramm Spinat oder anderem gekochten grünen Gemüse 12000 Einheiten Vitamin A enthalten sind. Eine Portion Süßkartoffeln, gelbe Rüben, Brokkoli, grüne Bohnen oder Aprikosen enthält 5000 Einheiten Vitamin A. Da können 5000 IE doch wohl kaum die oberste Grenze sein.

Die Vitamine der B-Gruppe heißen B_1, B_2, B_6, B_{12},

Biotin, Folsäure, Inosit, Niacin, Pantothensäure und PABS (p-Aminobenzoesäure). Es gibt noch andere B-Vitamine, und erst kürzlich ist es Wissenschaftlern gelungen, zwei weitere zu isolieren: B_{16} und B_{17}. Alle Vitamine der B-Gruppe sind wasserlöslich und können vom Organismus nicht gespeichert werden, deshalb sollte man sie täglich einnehmen. Sie sind synergistisch, was bedeutet, daß eines allein oder einige zusammengenommen das Bedürfnis des Körpers nach den übrigen erhöht. Vitamine der B-Gruppe sind wichtig für starke Nerven, gesunde Augen und eine reine Haut.

Vitamin C ist Ascorbinsäure, und der Nobelpreisträger Linus Pauling empfahl eine tägliche Dosis von 3000 mg. Ich nehme jeden Tag mindestens 15000 mg mit viel Flüssigkeit, und das seit vielen Jahren. Sobald ich das Gefühl habe, eine Erkältung zu bekommen, steigere ich die Tagesdosis auf 50000 mg, und seit ich Vitamin C so hochdosiert einnehme, bin ich nicht einen einzigen Tag krank gewesen. Dabei habe ich früher, bevor ich Vitamin C für mich entdeckte, acht- bis zehnmal im Jahr einen Grippe- oder Schnupfenvirus eingefangen, der mich jedesmal für mindestens drei Tage, manchmal sogar eine Woche lang ans Bett gefesselt hat. Nun hat natürlich nicht jeder Mensch den gleichen Bedarf an Nährstoffen und Vitaminen, aber mein persönlicher Bedarf ist sehr hoch. Sollten Sie niemals von einer Erkältung geplagt sein, dann werden Sie wahrscheinlich viel weniger davon brauchen als ich. Vitamin C ist wasserlöslich und kann vom Körper nicht gespeichert werden, das heißt, daß jeder Überschuß rasch wieder ausgeschieden wird. Aber Sie müssen jeden Tag eine ausreichende Menge einnehmen. Ich finde, es ist besser, lieber ein bißchen zuviel zu nehmen, dafür aber sicherzustellen, daß Ihre Körperzellen wirklich ausreichend versorgt werden. Umgekehrt wäre es nämlich sehr viel schlimmer. Und ich möchte nochmals betonen: *Trinken Sie unbedingt sehr viel, wenn Sie viel Vitamin C einnehmen.* Das spült alle Giftstoffe aus dem Körper heraus.

Ein Glas Orangensaft enthält etwa 100 mg Vitamin C, das heißt, um Ihrem Körper mehr zuführen zu können, müssen Sie Ascorbinsäure-Tabletten nehmen. Die sind billiger als »natürliche« Vitamin-C-Tabletten, und nach Aussage von Linus Pauling besteht chemisch keinerlei Unterschied. Versucht nun ein Virus oder eine Fremdsubstanz in Ihren Körper einzudringen, greift er das Vitamin C an, zerstört es und geht dabei selbst kaputt (deshalb die massiven Dosen). Am besten funktioniert dieser Prozeß, wenn im Körper ausreichend Kalzium vorhanden ist, achten Sie also darauf, täglich Kalzium-Magnesium-Tabletten zu nehmen. Rauchen (eine Fremdsubstanz) frißt bis zu 25 mg Vitamin C pro Zigarette. Falls Sie also rauchen oder Aspirin oder ein Antihistamin nehmen oder eine Allergie haben, dann sollten Sie Ihrem Körper reichlich Vitamin C gönnen, damit er besser mit diesen Giften fertigwerden kann.

Es gibt ein wunderbares Buch von Irwin Stone, dem Biochemiker, der Linus Pauling auf das Vitamin C aufmerksam gemacht hat und dem Pauling sein Buch *Vitamin C and the Common Cold* (Das Vitamin-Programm) gewidmet hat. Irwin Stones Buch heißt *The Healing Factor: Vitamin C Against Disease*, und er erläutert darin, daß Vitamin C im Grunde gar kein richtiges Vitamin ist und daß alle Säugetiere mit Ausnahme von Menschen, Affen, Meerschweinchen und einer in Indien heimischen, obstfressenden Fledermaus in ihrer Leber Vitamin C produzieren. Durch irgendeine Mutation haben wir diese Fähigkeit vor Millionen von Jahren verloren, und wenn wir unserem Körper nicht auf dem Nahrungswege Ascorbinsäure zukommen lassen, sterben wir innerhalb weniger Wochen. Irwin Stone empfiehlt für ein einjähriges Baby ein Gramm (1000 mg) Vitamin C pro Tag, für ein vierjähriges Kind vier Gramm und für ein zehnjähriges zehn Gramm – und bei zehn Gramm pro Tag sollten Sie dann auch bleiben.

Wir wissen heute, daß viele Anzeichen, die eigentlich als normale Altersschwäche gelten, in Wahrheit Krankheitssymptome sind. Auch acht- und zehnjährige Kinder, die an Skorbut (Vitamin-C-Mangel) leiden, haben vornübergebeugte Schultern und faltige, schlaffe Haut, und auch ihnen fallen die Zähne aus. Schauen Sie sich, wenn Sie Gelegenheit dazu haben, einmal Bilder von skorbutkranken Kindern an, dann werden Sie wissen, was ich meine. Sie sehen nämlich genau wie uralte, zusammengeschrumpfte Greise aus – die Ähnlichkeit ist wirklich frappierend. Eines der ersten Anzeichen von Skorbut ist Zahnfleischbluten, ein weiteres Merkmal besteht darin, daß man leicht blaue Flekken bekommt. Falls Sie also zu blauen Flecken neigen und immer Zahnfleischbluten haben, sollten Sie Ihre tägliche Vitamin-C-Dosis so weit erhöhen, bis beide Symptome verschwunden sind.

Vitamin D heißt auch Licht- oder Sonnenscheinvitamin und hilft dem Organismus dabei, Kalzium aufzunehmen und zu speichern. Ohne Vitamin D

geht sehr viel Kalzium verloren. Da unsere Nahrungsmittel daran sowieso nicht besonders reich
sind, leiden viele Menschen an Mangelerscheinun-
gen und wissen gar nicht, warum sie so nervös sind.
Vitamin D kann ohne Fett oder Öl nicht aufgenommen werden, deshalb sollten Sie es nach einer Mahlzeit einnehmen, die etwas Fett enthält. Wie Vitamin
A kann auch Vitamin D Störungen und Vergiftungen verursachen, aber nur, wenn es in zu massiven
Dosen zugeführt wird. Dr. J. A. Johnston vom
Henry Ford Hospital in Detroit hat sich intensiv mit
Vitamin D beschäftigt, und seine Forschungsergeb-
nisse lassen darauf schließen, daß ein Erwachsener
täglich mindestens 2000 IE verwerten kann. Ich
nehme jeden Tag 3000 IE Vitamin D (also 31000 IE
pro Woche), und da diese Menge keineswegs giftig
ist, kann ich den meisten Menschen nur dasselbe
Quantum empfehlen.

Vitamin E erleichtert die Anreicherung mit Sauerstoff und unterstützt alle Muskeln, indem es den
Sauerstoffbedarf herabsetzt. Mit mehr Sauerstoff
versorgt, kann das Herz leichter arbeiten. Vitamin E
wird manchmal auch Sex-Vitamin genannt, weil es
die normale Produktion der Geschlechtshormone
positiv beeinflußt. Darüber hinaus fördert es die Ge-
hirndurchblutung und wird seit Jahren bei der Behandlung geistig behinderter Kinder eigesetzt. Dr.
Del Giudice, Leiter der Abteilung für Kinderpsy-
chologie am Institut für Nationale Gesundheit in
Buenos Aires, Argentinien, hat geistig behinderte
Kinder jahrelang mit einer täglichen Dosis 2000 bis
3000 IE Vitamin E behandelt und damit überra-
schende Erfolge erzielt. Anzeichen für Vergiftungen
durch Überdosierungen fand er keine.

Ich nehme jeden Tag 2400 Einheiten, schlage aber vor, daß Sie mit 800 IE beginnen, oder, falls Sie es lieber allmählich angehen wollen, zuerst nur 400 IE pro Tag einnehmen. Wer unter erhöhtem Blutdruck leidet, sollte die Dosis von 400 Einheiten pro Tag nicht überschreiten, da Vitamin E blutdrucksteigernd wirken kann.

Dolomit ist eine Mischung aus Kalzium und Magnesium, also werde ich beide Mineralstoffe erklären. Kalzium ist besonders wichtig für starke Nerven. Fast das gesamte Kalzium unseres Körpers steckt in den Zähnen und den Knochen; nur der Rest steht dem Nervensystem zur Verfügung. Um Kalzium aufnehmen zu können, braucht der Organismus etwas Öl oder Fett. Auch Magnesium ist wichtig für Ihre Nerven. Man findet es in grünem Blattgemüse, es geht jedoch beim Kochen verloren. Ich nehme täglich vor dem Schlafengehen zehn Dolomit-Tabletten.

Als ich zum erstenmal in Regis Philbins Fernsehshow in Los Angeles auftrat, fragte er mich, woher ich meine unglaubliche Dynamik bezöge, und ich berichtete ihm daraufhin von meinem Energietrank. Er bat mich, ihm etwas davon zu schicken, was ich dann natürlich auch tat. Als ich das nächstemal zu seiner Show kam, erzählte er mir, wie unglaublich gut er sich fühle, seit er ihn jeden Tag nehme. Auch Red Buttons hat sein Leben mit Hilfe von Vitaminen und bewußter Ernährung völlig umgemodelt. Sollten Sie ihm zufällig begegnen, fragen Sie ihn ruhig danach. Er kann stundenlang darüber reden. Und sein jugendliches Aussehen ist der beste Beweis dafür.

Früher traf ich Ali MacGraw häufig in einem Reformhaus in der West 57th Street in New York. Sie ist ein echter Gesundheitsfreak und sagt, daß sie ihre unheimliche Energie und ihr sagenhaftes Aussehen nur einer bewußten, gesunden Ernährung verdankt.

Die Schauspielerin Sheila MacRae ist einfach hinreißend, völlig alterslos – und Großmutter. Frank Sinatra nannte sie die älteste Unschuld der Welt, und ich schätze, er hat recht damit, denn sie ist wirklich zauberhaft. Sie achtet übrigens sehr auf ihre Gesundheit. Täglich nimmt sie 5 000 mg Vitamin C, trinkt den Energietrank, und sie ißt sehr viel Joghurt. Ihr Körper ist in Topform. Sie ist unglaublich unternehmungslustig und hat einen wundervollen Charakter. Ihren Erfolg führt sie ganz wesentlich darauf zurück, daß sie sich sehr bewußt gesund ernährt.

In meinen Augen hängt wahre Schönheit unweigerlich mit exzellenter Gesundheit zusammen. Ein Mann oder eine Frau mit nicht unbedingt perfekten Zügen, dafür aber wunderbarer Haut, glänzendem Haar, leuchtenden Augen und einer Ausstrahlung, die nur echte Lebensfreude vermitteln kann, ist doch tausendmal schöner als jemand, der zwar ein ideales Gesicht hat, dem jedoch alle anderen obengenannten Eigenschaften fehlen. Können Sie sich vorstellen, wie anstrengend es ist, hinreißend und sexy auszusehen, wenn man sich in Wahrheit schlapp und elend fühlt? Ganz abgesehen davon, daß kein Mensch eine solche Schauspielerei lange durchhält, täuscht man damit auch kaum jemand. Dabei ist es so einfach, wirklich schwungvoll und unternehmungslustig zu werden. Sie brauchen nur Ihre Ernährung umzustellen, und das ist gar nicht so schlimm, wie Sie vielleicht meinen. Im Grunde ist das Ganze auch gar keine besondere Art der Ernährung, sondern vielmehr eine Frage der richtigen Lebensweise. Haben Sie erst einmal angefangen, sich selber objektiv zu beobachten, wird Ihnen schnell klarwerden, daß alles, was Sie Ihrem Magen zumuten, sich irgendwie auswirkt. Manche Wirkungen treten früher auf; Kopfschmerzen zum Beispiel, oder Pickel, Mitesser und Lippenbläschen. Andere, wie etwa Magengeschwüre, Herzinfarkt, Schlaganfall oder auch Krankheiten, die vor allem den älteren Körper befallen, brauchen oft sehr viel länger. Und wir alle wollen doch bis ins hohe Alter hinein gesund und fit bleiben.

Wollen Sie Ihren Körper wirklich dafür verantwortlich machen, wenn er nach jahre-, vielleicht jahrzehntelanger Mißhandlung nicht mehr so funktioniert, wie Sie sich das vorstellen? Das wunderbarste daran ist freilich, daß es nie zu spät ist, sich umzustellen. Selbst wenn Sie sich jahrelang, jahrzehntelang falsch ernährt und Ihren Körper mißhandelt haben, können Sie *jetzt* damit aufhören. Beginnen Sie *jetzt* ein neues Leben – ein Leben, das Sie garantiert glücklicher und gesünder und auch viel, viel anziehender machen wird. Sie werden wieder mehr Freude an der Arbeit haben, sich unternehmungslustig allen Herausforderungen stellen, und auch Ihr Liebesleben wird davon ganz enorm profitieren.

Hinweis des Verlags:

Dynamite Energy Shake. Der Energietrank, den die Autorin immer wieder erwähnt, ist in Deutschland nicht (evtl. noch nicht) erhältlich. Er enthält hauptsächlich *Lecithin*, *Kalzium* und *Traubenzucker*, man kann sich also nach Beratung mit einem Arzt oder Apotheker daraus selbst eine Mischung herstellen.

Die angegebenen *Vitaminmengen* entsprechen der Überzeugung der Autorin, aber auch angesehener Wissenschaftler. Jeder interessierte Leser sollte die genannten Dosierungen nur als *Ratschläge* verstehen. Bei manchen Krankheiten sind bestimmte Vitamine kontraindiziert, deswegen ist es notwendig, sich vor der Einnahme von Dosen, die den normalen Tagesbedarf weit überschreiten, von einem fortschrittlichen Mediziner beraten zu lassen.

2. Kapitel
Schluß mit der Körperverschmutzung!

Luft- und Gewässerverschmutzung sind in aller Munde. Aber wie ist das mit unserem Körper? Verdient der nicht genausoviel Aufmerksamkeit wie unsere Umwelt?

Sie können vier Ehefrauen, zwei Ehemänner, zwölf Kinder und tausend Freunde haben – aber Sie verfügen über nur einen Körper, und der muß Ihr ganzes Leben lang halten. Warum also glauben wir manchmal, ein schlechtes Gewissen haben zu müssen, wenn wir uns um ihn kümmern? Es ist eine Sache, stundenlang dazustehen und passiv in den Spiegel zu starren, aber etwas völlig anderes, darauf zu achten, daß wir unserem Motor nur bekömmliche, gesundheitsfördernde Dinge zuführen. Er ist nämlich wirklich so etwas wie ein Motor, unser Körper. Der Verstand und die Seele sind etwas anderes, aber der Körper ist tatsächlich so eine Art Motor, und der läuft nun mal nur mit gutem Treibstoff.

Wissen Sie, was passiert, wenn Sie Wasser in den Tank Ihres Autos füllen? Oder sogar Sand? Oder wenn Sie es monatelang einfach stehenlassen und nicht bewegen? Es würde nicht mehr fahren. Und ganz genauso ist es mit Ihrem Körper. Füllen Sie Ihren Magen mit Alkohol und Knabbergebäck und Süßigkeiten und Ihre Lunge mit Zigarettenrauch, dann werden Sie immer langsamer funktionieren, und auch sehr viel eher zum völligen Stillstand kommen, als wenn Sie diesen ungesunden Kram weggelassen hätten. Und falls Sie nicht viel zu Fuß gehen oder einen körperlich anstrengenden Sport treiben, werden Ihre Muskeln sich verkürzen und zusammenschrumpfen. Ist es zuviel verlangt, sich selber zu mögen? Seinen eigenen Körper zu mögen und sich um ihn zu kümmern? Ihn so zu mögen, daß Sie ihn nicht weniger pflegen, als Sie einen Rolls-Royce pflegen würden? Oder eine antike Kommode? Oder einen Steinway-Flügel? Es gibt viele Arten, seinem Körper Pflege zuteil werden zu lassen, ihn als etwas Wertvolles, etwas Kostbares zu behandeln und ihn objektiv daraufhin zu betrachten, was ihm guttut und was ihm schlecht bekommt.

Es gibt eine fantastische Yoga-Atemübung, die so einfach ist, daß Sie keine fünf Minuten dafür brauchen, die aber alle verbrauchte Luft vertreibt und Ihre Lungen mit frischem Sauerstoff füllt und ein sagenhaftes Wohlbefinden schafft. Gymnastikmatten, Schrägbretter und Heimtrainer sind eine feine Sache, und selbst gestreßte Manager werden jeden Morgen fünf Minuten Zeit für ein paar kurze Übungen erübrigen können. Viele ehemalige Spitzensportler halten ihren Körper in Topform – warum tun Sie es nicht auch? Und das tollste daran ist, daß Sie sich nicht nur viel besser fühlen werden, wenn Sie angefangen haben, sich um Ihren Körper zu kümmern, sondern Sie werden darüber hinaus auch viel besser aussehen. Und *das* sollte doch wohl auch den größten Skeptiker überzeugen.

Das erste, was Sie in der Früh gleich nach dem Aufwachen, also noch im Bett, tun sollten, ist ausatmen. Atmen Sie ganz langsam alle verbrauchte Luft durch den Mund aus, und wenn Sie das Gefühl haben, daß Ihre Lungen vollkommen leer sind, halten Sie fünf Sekunden lang die Luft an und atmen erst

dann genauso langsam durch die Nase wieder ein –
bis Ihre Lungen völlig gefüllt sind, und so zählen Sie
dann bis fünfzig. Wiederholen Sie diese Übung vier
Mal. Beim fünften Ausatmen wird Ihr Geist so frisch
sein, daß Sie sich allen Herausforderungen des Tages gewachsen fühlen. Ist das nicht eine tolle Art,
den Tag zu beginnen?

Nun ist es leider so, daß Gymnastik eine verdammt langweilige Sache sein kann. Mein Leben
lang habe ich schon allein den Gedanken daran ge-
haßt und mich deshalb auch immer darum ge-
drückt. Natürlich habe ich mit meiner neuentdeck-
ten Energie viel anderes gemacht: Ich bin zu Fuß
gegangen, oft auch gerannt, weil ich spät dran war,
habe Tennis gespielt etc., etc. Aber erst seit ich ein
Schrägbrett habe, mache ich regelmäßig Übungen.
Ich bin dadurch keineswegs zum Trainingsfreak geworden, aber ich habe ein paar recht kurze Übungen entdeckt, die trotzdem unheimlich wirkungsvoll sind und den Tag wirklich gut beginnen lassen.
Und seit ich damit angefangen habe, mache ich sie
wirklich *jeden* Tag. Es sind verschiedene Übungen –
zum Beispiel sorgen täglich zwanzig Sit-ups auf
dem Schrägbrett dafür, daß ich immer einen flachen
Bauch behalten werde – das dauert nicht einmal
zwei Minuten und ist genauso wirkungsvoll, wie
wenn man hundert Sit-ups auf dem ebenen Fußbo-
den macht.

Anschließend bleibe ich noch weitere zwei Minuten lang auf dem Schrägbrett liegen, und während
mein Gehirn auf diese Weise wunderbar durchblu-
tet und mit Sauerstoff versorgt wird, bereite ich
mich geistig auf den Tag vor. Ich konzentriere mich
auf die Quelle meiner Kraft, das heißt die Liebe

bzw. Gott, und ich denke an meine Familie und alle meine Freunde und wünsche ihnen und mir nichts als Liebe und Glück, und dann denke ich auch an ein paar Leute, die mir nicht nur wohlgesonnen sind oder sogar versucht haben, mir weh zu tun, und ich wünsche auch ihnen viel Gutes. Wenn Sie das tun, kann niemand Sie ernstlich verletzen. Was einen verletzt, ist nämlich immer nur die eigene Reaktion auf irgend jemand oder etwas. Falls Sie aber in der Lage sind, sich ein paar Augenblicke lang völlig zu entspannen und positiv über alle Menschen zu denken, die Sie kennen, und wenn Sie sich dann noch vorstellen, daß Sie die ganze Welt in Händen halten und ihr viel Liebe und allen Erdbewohnern Liebe und Erfolg und Glück wünschen – was glauben Sie, was das für ein wundervolles Gefühl von Macht ist! Das klingt in Ihren Ohren möglicherweise lächerlich, aber ich als Schauspielerin habe eine derart ausgeprägte Vorstellungskraft, daß mir solche Fantasien überhaupt keine Schwierigkeiten bereiten. Und wenn Sie nur ein wenig üben, dann wird es auch Ihnen gelingen und mit der Zeit sogar ganz leichtfallen.

Ich habe mit dieser Methode tolle Erfolge erzielt. Da war zum Beispiel dieser Mensch von der Uhrmacherwerkstatt, der sich am Telefon vor Freundlichkeit fast überschlagen hätte, sich dann aber in ein echtes Ekel verwandelte, als ich meine Uhr abholen wollte und sich herausstellte, daß er Geld für etwas haben wollte, was überhaupt nicht kaputt gewesen war. Ich verließ daraufhin den Laden ohne Uhr, aber mit einer Mordswut im Bauch. Nun ist es so, daß ich diesen Zustand – wenn ich verärgert und verspannt bin – ganz und gar nicht leiden kann. Damit verletzt man sich nämlich nur selber, dem anderen tut man damit gar nichts zuleide. Also legte ich mich zu Hause angekommen gleich auf mein Schrägbrett und rief mir das Gesicht des Mannes vor Augen und wünschte ihm viel Liebe. Ich sagte mir, daß er schließlich nur seine Arbeit tue. Er hatte das Gefühl gehabt, im Recht zu sein, und wahrscheinlich waren nur Anspannungen oder eine Meinungsverschiedenheit mit seiner Frau daran schuld, daß er sich mir gegenüber so unflätig benommen hatte. Danach war ich zwar nicht unbedingt wild darauf, ihm wieder gegenüberzutreten, aber immerhin ganz entspannt, und ich wußte, daß er mir jetzt nichts mehr anhaben konnte.

Und genauso war es dann auch. Als ich wieder hinkam, schenkte ich ihm mein schönstes Lächeln, und er lächelte doch tatsächlich zurück, und dann fanden wir gemeinsam eine Lösung für das Uhrenreparaturproblem. Vielleicht hatte er in der Zwischenzeit darüber nachgedacht, daß es nicht klug sei, seine Kunden zu vergällen, vielleicht hatten ihn aber auch die Wellen meiner Liebe erreicht – ich weiß es nicht. Sicher ist jedenfalls, daß ich in jedem Fall ruhig und entspannt geblieben wäre, auch wenn er weiterhin unverschämt reagiert hätte – seine Unverschämtheit wäre dann nämlich ganz einfach an mir abgeprallt bzw. von meiner lockeren Haltung absorbiert worden, ohne irgendwelchen Schaden anzurichten.

Probieren Sie diese Einstellung doch einmal bei jemandem aus, der Ihnen gegenüber unfreundlich ist oder Sie anbrüllt oder sogar boshafterweise ignoriert. Ihre Reaktion wird sich vollkommen ändern. Schließlich besteht das Leben viel mehr aus Reaktionen als aus Aktionen, also Handlungen. Die Liebe habe ich deshalb in dieses Kapitel aufgenommen, damit Sie lernen, nicht nur alle verbrauchte Luft aus Ihrer Lunge, sondern gleichzeitig damit auch alle negativen Gedanken aus Ihrem Kopf zu verbannen. Sie können Ihr Leben nämlich nur dann wirklich zum Positiven hin ändern, wenn Sie auch positiv denken und alle negativen Emotionen aus sich herauslassen.

Eine andere tolle Übung besteht darin, morgens, bevor Sie zur Arbeit gehen, auf der Stelle zu rennen oder zu joggen. Eine Zeitlang habe ich das auf einem selbstgebastelten Jogginggerät gemacht, inzwischen bin ich stolze Besitzerin eines Trampolins, auf dem ich jetzt jeden Morgen jogge. Angefangen habe ich mit 100 Schritten und mich bisher auf 250 gesteigert (250 auf dem Trampolin entsprechen 500 auf dem Boden, weil es einem durch die Federn so vorkommt, als laufe man bergauf). Wenn ich damit fertig bin (es dauert ungefähr drei Minuten), muß ich so schnaufen, daß ich eine Weile durch die Wohnung wandere und dabei das Gefühl habe, mein Atem gehe bis in die Zehenspitzen hinab – und das ist ein sagenhaftes Gefühl!

Diese wenigen Übungen bringen Ihren Kreislauf derart in Schwung und verschaffen Ihnen so viel Sauerstoff, daß Sie sich einfach gut fühlen müssen; und sobald Sie dazu noch den Energietrank nehmen, haben Sie so viel überschüssige Kraft, daß Sie kaum mehr in der Lage sein werden, ruhig dazusitzen.

Weil das Thema Energie mich schon sehr lange beschäftigt, beschloß ich, ein paar superdynamische

Leute, die wirklich Beachtliches auf die Beine stellen, zu fragen, was sie denn für Übungen machen. Virginia Graham ist eine der aktivsten Frauen und eine der besten Talk-Show-Moderatorinnen, die ich kenne. Und ich weiß, wovon ich spreche – ich war sechsmal in ihrer Show ›Girl Talk‹ zu Gast. Virginia zu kennen, heißt, sie lieben. Sie geht jeden Tag viele Meilen zu Fuß. Natürlich ist New York ein tolles Pflaster zum Laufen – es gibt überall unheimlich viel zu sehen. Aber ganz egal, wo Sie wohnen – sobald Sie genug freie Energie haben, werden auch Sie ein begeisterter Fußgänger werden. Und darüber hinaus erledigt Virginia auch fast alle Hausarbeiten selber; sie bezeichnet das als eine körperliche Betätigung, die ebenso nützlich wie anstrengend ist.

Eines Tages, als ich zum Mittagessen im Lambs Club war, fragte man mich, ob ich bei einem Wohltätigkeits-Baseballspiel nicht als Maskottchen fungieren würde. Ich lehnte dankend ab – entweder wollte ich selber mitspielen oder gar nicht teilnehmen. Sie glaubten mir, als ich sagte, daß ich Baseball spielen kann, und ich wurde zuerst als Läufer und dann, als Jim Bouton (amerikanischer Fernsehmoderator) zur CBS zurückmußte, als Werfer eingesetzt. Als Werfer schlug ich die Mannschaft der Bürgermeister von New Jersey 15 zu 12 – und die haben verdammt hart gekämpft, glauben Sie mir. Als Jim später erfuhr, daß ich – die einzige Frau im Team – mein Spiel gewonnen hatte, bemerkte ich einen bislang unbekannten Respekt in seinem Blick. Ich fragte ihn, ob er regelmäßig Baseball spiele oder eine andere Sportart ausübe, und er antwortete, daß er jeden Morgen beim Zähneputzen und Rasieren isometrische Übungen mache, viel im Studio herumlaufe und auch zu Hause sehr aktiv sei. Sein Körper ist in Topform, also macht er die Sache offensichtlich richtig.

Walter Cronkite ist ein begeisterter Tänzer. Tanz ist eine der schönsten Bewegungsübungen überhaupt. Walters Leidenschaft gehört vor allem dem Charleston, und wenn sich die Gelegenheit bietet, legt er auch gerne ein super Solo aufs Parkett. Er ist wirklich fantastisch! Außerdem spielt er im Winter zweimal die Woche Tennis, und während der Sommersaison sogar täglich. In natura sieht er wesentlich jünger aus als auf dem Bildschirm – seinen körperlichen Aktivitäten verdankt er nämlich auch eine tolle sportliche Bräune.

Arlene Dahl arbeitet sich jeden Tag aus – sie macht Stretchübungen und treibt so oft wie irgend möglich Sport. Sie schwimmt, spielt Tennis, läuft Ski, taucht und will demnächst reiten lernen. Sie hat sich vorgenommen, jedes Jahr mit einer neuen Sportart anzufangen.

Frank Gifford machte jeden Morgen fünfundsiebzig Liegestützen und hält seinen Körper außerdem mit isometrischen Übungen in Form.

Der Talk-Show-Moderator Johnny Carson wiederum stemmt täglich Gewichte.

Mitzi Gaynor joggt jeden Morgen vor dem Frühstück – entweder läuft sie, treppab und treppauf, durchs ganze Haus, oder sie rennt auf der Stelle. Und das macht sie jetzt seit fünfzehn Jahren. Manchmal joggt sie auch gemeinsam mit einer Freundin durch Beverly Hills – und sie gehört zu den wenigen Künstlern, die direkt im Anschluß an eine anstrengende Tanznummer als Sängerin auftreten kann. Die meisten Tänzer sind dagegen derart ausgepumpt, daß sie nach ihrem Auftritt kaum reden, geschweige denn singen können.

Hildegarde, diese unglaubliche Chansonette, ist jetzt über fünfundsiebzig, und ich kann das einfach nicht glauben. Sie hat die Haut einer höchstens Fünfzigjährigen und eine fabelhafte Figur – aber sie tut auch eine Menge dafür. Um ihren Körper in Form zu halten, macht sie jeden Tag (ohne Ausnahme) zehn Minuten lang Gymnastik. Ihre Gesichtsmuskeln trainiert sie mit isometrischen Übungen. Wenn jeder Mensch sich bewußt ernähren und täglich Gymnastik machen würde, dann würde die Angst vor dem Alter bestimmt verschwinden. Hildegarde mit ihren fünfundsiebzig ist nämlich keineswegs alt – sie sieht wirklich jung aus.

Und schauen Sie sich Doris Day an – wirkt sie nicht mindestens zwanzig Jahre jünger, als sie ist? Ich bin ihr oft begegnet, wenn sie auf ihrem Rad in Beverly Hills unterwegs war. Sie sehen – es gibt wirklich keinen zwingenden Grund, wie ein Gartenzwerg auszusehen, wenn man älter wird.

Mit das schlimmste, was ein Mensch machen kann, ist Rauchen, und besonders schädlich sind Zigaretten, weil die nämlich so gut wie immer inhaliert werden (Zigarren und Pfeife verpesten dagegen mehr die Umgebung des Rauchers). Der New Yorker Lungenspezialist Dr. J. J. Burrascano sagt, daß sich die Zahl der Lungenkrebserkrankungen in den letzten vierzig Jahren verfünfzehnfacht hat, und er vertritt die Ansicht, daß das in erster Linie auf Dinge wie Rauchen zurückzuführen sei.

Raucher altern wesentlich schneller, und es ist erwiesen, daß man davon Falten bekommt, weil Rauchen nämlich das Nervengewebe angreift. Dr. H.

Daniel hat über 1 000 Menschen untersucht und herausgefunden, daß zwischen Rauchen und Faltenbildung ein definitiver Zusammenhang besteht.

Viele Leute glauben, es sei bereits zu spät, um das Rauchen aufzugeben – der Schaden sei bereits angerichtet. Aber das stimmt nicht. Dr. Oscar Auerbach berichtet: »Wir haben nach Tierversuchen Grund zu der Annahme, daß Zellen im Anfangsstadium des Krebses zerfallen und verschwinden, sobald man aufhört, den Tracheobronchialbereich mit einem kanzerogenen Mittel zu bestreichen.«

Eine kürzlich erfolgte Studie untersuchte drei Gruppen von Versuchspersonen: Nichtraucher, starke Raucher und ehemalige starke Raucher, die seit mindestens sechs Monaten nicht mehr zum Glimmstengel gegriffen hatten. Zwischen Nichtrauchern und ehemaligen Rauchern ergab sich kein Unterschied.

Ich habe es geschafft, mit Rauchen aufzuhören, und ich weiß, daß auch Sie es können. Früher habe ich mehr als eine Schachtel pro Tag gequalmt – wenn ich mir das heute vorstelle, wird mir ganz übel! Aber ich muß auch zugeben, daß ich es wahrscheinlich nicht geschafft hätte, wenn ich nicht den Energietrank zur Nervenberuhigung gehabt hätte. Der hat mir die Sache wirklich immens erleichtert. Zigaretten sind nämlich eine echte Droge – sie machen einen nicht weniger süchtig als zum Beispiel Heroin. Es ist nur so, daß Ihr Körper noch funktioniert, wenn Sie rauchen, aber eben nicht mehr, wenn Sie Heroin nehmen. Trotzdem können Zigaretten Ihre Körperzellen furchtbar schädigen. Und wenn Sie mit Rauchen aufhören, werden Sie auch richtiggehende Entzugserscheinungen verspüren – hören

Sie sich nur mal unter ehemaligen Rauchern um –, aber der Trank wird Ihnen helfen und Sie und Ihr Nervenkostüm so stärken, daß Sie Ihr Vorhaben trotzdem erfolgreich durchziehen und in Zukunft auch ohne den blauen Dunst hervorragend auskommen werden.

Zigaretten können Ihren Organismus schwer in Mitleidenschaft ziehen; sie sind ein echter Streßfaktor. Und in Anbetracht all der anderen Streßfaktoren des täglichen Lebens – der Luftverschmutzung, dem Geldverdienenmüssen, dem Wunsch nach Selbstverwirklichung, möglichen emotionalen Problemen in Liebesdingen, dem Kaputtgehen familiärer Bindungen –, finden Sie nicht auch, daß man da auf einen weiteren Streßfaktor gut verzichten kann? Auf einen, der einen darüber hinaus ganz besonders schnell altern läßt?

Professor Hans Seyle von der medizinischen Fakultät der Universität von Montreal ist eine anerkannte Kapazität für Streßerkrankungen. Er sagt, daß bei den vielen Autopsien, die er im Laufe der Jahre vorgenommen hat, noch nie jemand gewesen wäre, der allein wegen seines hohen Alters gestorben sei. Menschen sterben vielmehr, weil ein lebenswichtiger Teil ihres Körpers im Verhältnis zum restlichen Körper vorschnell gealtert und deshalb verbraucht ist. Die biologische Kette, die unsere Zellen zusammenhält, ist immer nur so stark wie ihr schwächstes lebenswichtiges Glied. Wenn ein lebenswichtiger Teil ausfällt, bricht der ganze Organismus auseinander und ist nicht mehr lebensfähig. Und das Rauchen beeinträchtigt nicht nur Herz und Lunge, sondern wir schädigen damit auch jede einzelne Zelle unseres Körpers.

Jetzt aber wieder zurück zu körperlicher Betätigung: Dr. Joyce Brothers schwimmt jeden Morgen eine Stunde. Sie wohnt in New York in einem Appartementblock mit Pool, und sie nutzt ihn wirklich aus. Außerdem spielt sie möglichst oft Tennis und Golf. Ich war zusammen mit Sergio Franchi in Joyces Talk-Show im Fernsehen, und sie ist nicht nur äußerst brillant, sondern auch eine überraschend charmante Frau. Sie achtet sehr auf ihre Gesundheit, ernährt sich ausgesprochen bewußt, und es macht wirklich Spaß, mit ihr zusammenzusein.

Der bekannte Sportreporter Howard Cosell ist ein echter Energiebolzen – er ist immer aktiv, geht zu allen Terminen in New York City zu Fuß und sagt, das sei mehr körperliche Betätigung als viele Fitneßfanatiker sie ausübten.

Um unseren wunderbaren Körper in erstklassiger Form zu halten, müssen wir also alles ungesunde Essen meiden, Zucker und Zigaretten verbannen und statt dessen Nahrungsmittel wählen, die uns eine so unglaubliche Energie schenken, daß wir bald nicht mehr stillsitzen können. Wir werden dann einen echten Bewegungsdrang verspüren – laufen, Gymnastik machen, irgendeinen Sport ausüben wollen. Einfach *aktiv sein*! Und das bringt dann frischen Sauerstoff in unsere Lungen (meiden Sie Gegenden mit hoher Luftverschmutzung, laufen Sie notfalls in den eigenen vier Wänden) und erfüllt uns mit einer wahnsinnigen Lebensfreude.

Hier ein paar Tips für Übungen, die Sie zu Hause machen können:

1. Auf der Stelle laufen
2. Durch die Wohnung joggen

3. Sit-ups auf einem Schrägbrett
4. Nach flotter Disco-Musik allein durch die Wohnung tanzen (vorher die Vorhänge schließen oder die Rollos runterlassen)
5. Kniebeugen
6. Stretchübungen (alle Muskeln)
7. Seilspringen
8. Klimmzüge machen (schon für wenig Geld gibt es transportable Reckstangen zu kaufen, die man mit etwas Geschick zwischen zwei Türpfosten anbringt; Frauen können sich am Anfang einfach nur dranhängen und ganz allmählich versuchen, sich aus eigener Kraft Stück für Stück hochzuziehen. Eine Freundin von mir – sie sieht fantastisch aus – schafft tatsächlich echte Klimmzüge, aber sie hat monatelang wirklich täglich geübt. Ich bin gerade erst so weit, daß ich hochspringe und mich ein Stückchen weit hochziehen kann. Die Stange habe ich in meine Küchentür geklemmt, und sie ist bei Partys der große Renner. Alle versuchen sich daran, und jeder will zeigen, daß er sportlicher ist als die anderen. Das bringt immer eine Menge Spaß!)

Gehen Sie alle diese Übungen ganz langsam an. Beginnen Sie am ersten Tag mit vielleicht dreißig Sekunden, dann eine Minute, und steigern Sie sich dann allmählich bis auf fünf Minuten.

Optimal ist es natürlich, wenn Sie einen Swimmingpool in der Nähe haben – Schwimmen ist eine Sportart, bei der wirklich jeder Muskel trainiert wird, und es macht darüber hinaus auch noch Spaß. Auch Tennis ist super, es ist mein Lieblingssport. Nach einer Stunde Bälleschlagen bin ich so super drauf, daß ich am liebsten gleich noch eine weitere Stunde auf dem Platz bleiben würde. Im Sommer Volleyball, im Winter Schlittschuhlaufen – die Qual liegt eigentlich nur in der Wahl, und aktive Sportarten sind ganz bestimmt nicht langweiliger als Bridge oder Poker.

Sehr viel Spaß macht auch Tanzunterricht. Es gibt Modern Dance, Jazztanz und Ballett (können Sie alleine, aber auch in der Gruppe lernen) und natürlich Standard- und lateinamerikanische Tänze (die ideale Sportart für Paare!). Wenn Sie jemanden kennen, der Tanzunterricht nimmt, fragen Sie doch einmal, ob er oder sie sich im Anschluß an eine Stunde sportlichen Tanzens nicht einfach fantastisch fühlt. Selbst wenn Sie müde und ausgelaugt in den Unterricht kommen, werden Sie sich nachher frischer und unternehmungslustiger fühlen als vorher. Um zu erkennen, daß das wirklich stimmt, müssen Sie es freilich selber ausprobieren. Aber herumfragen schadet nichts, und ich bin sicher, daß jeder meine Erfahrungen nur bestätigen wird.

Sind Sie mit Hilfe des Energietranks erst einmal körperlich in absoluter Topform, dann werden Sie sich so sensationell gut und so voller Schwung und Elan fühlen, daß Sie sich fragen, wie Sie nur existieren konnten, bevor Sie angefangen hatten, wirklich zu *leben*.

3. Kapitel
Sex und Erotik sind nicht alles, aber kennen Sie was Schöneres?

Warum wird eigentlich immer so ein Riesentheater um Sexualität und Erotik gemacht? Sex ist im Grunde doch nur ein Ausdruck von Liebe. Und wir brauchen weiß Gott mehr Liebe auf der Welt. Außerdem: Können Sie sich eine schönere Art vorstellen zu zeigen, daß man einander liebt? In letzter Zeit ist mir häufig ein witziger Autoaufkleber mit der Aufschrift begegnet: ›Remember when the air was clean and sex was dirty?‹ Nun, Sex war *niemals* ›dirty‹ bzw. schmutzig! Kann sein, daß ein paar verirrte Seelen ihn für böse und schlecht *gehalten* haben, aber auch sie gäbe es nicht, hätten ihre Mamis und Papis nicht miteinander ›Unzucht‹ getrieben. Was wissen die also schon?

Ist es nicht ein Jammer, daß etwas derart Tolles bei manchen Leuten zum Komplex wird, daß sie sich deshalb schuldig fühlen? Und manche wachen morgens schon mit einem Schuldgefühl auf. Wenn die sich doch nur bewußt machen würden, daß Sex nicht nur Spaß macht, sondern auch gut für die Gesundheit ist – und darüber hinaus ein echter Schlankmacher. Sex reguliert Ihren Herzschlag, Ihre Atmung, Drüsen, Muskeln – einfach alles –, und Sie werden sich einem Menschen niemals näher und verbundener fühlen, und zwar körperlich *und* seelisch, als wenn Sie miteinander schlafen. Wenn Gott die Liebe ist, und darin stimmen alle Religionen ja überein, und Sex ein Ausdruck der Liebe ist (und was sollte er sonst sein – vielleicht ein Ausdruck des Hasses?), dann ist das Einanderlieben, also der Sex, auch ein Ausdruck Gottes.

Nun hat jeder Mensch im Prinzip die gleiche Ausrüstung mitbekommen. Jeder Mann hat mehr oder weniger dieselben Geschlechtsorgane. Einige sind länger und dicker, andere kürzer und dünner, aber alle haben dieselbe Form. Alle Frauen haben Brüste und eine Vagina – manche sind fester, manche kleiner, aber alle sehen im Grund gleich aus. Warum also das ganze Theater? Wichtig ist eigentlich nämlich nur das, was sich oben, in unserem Kopf, abspielt. Das, was uns anturnt. Ein Mensch ohne ein gesundes Liebesleben kann nicht vollkommen gesund sein.

Wenn Sie sich vor Ihrem Liebsten oder Ihrer Liebsten ausziehen, werden Sie einen Körper vorzeigen wollen, der vor Gesundheit und Energie nur so strotzt, einen Körper ohne überflüssige Fettpolster, einen Körper, der gleichsam ausruft: »Faß mich an – ich will geliebt werden!« Einen Körper, auf den Sie stolz sind. Nun will so ein Körper auch sexuell versorgt sein. Denn Sex ist eine der wichtigsten und wirkungsvollsten Arten, körperlich fit und super in Form zu bleiben.

Körper, Geist und Seele jedes Menschen sind untrennbar miteinander verbunden, und wenn Sie darauf achten, daß Sie Ihrem Körper nur die beste Nahrung zukommen lassen und ihn außerdem trainieren, dann wird Ihr Körper auch wunderschön sein und Sie glücklich machen. Solange Sie auf ihn achten, solange wird er auch dazu beitragen, Ihren Geist und Ihre Seele gesund und fröhlich zu erhalten!

Vor einiger Zeit war ich mit einem hinreißenden Mann liiert – er sah aus wie ein griechischer Gott. Sein Körper und sein Gesicht waren nahezu perfekt. Aber was war er für ein Langweiler! Er hatte nicht sonderlich viel Grips, und er war furchtbar auf sich selber fixiert. Nicht lange nachdem ich mit ihm Schluß gemacht hatte, traf ich einen der häßlichsten Männer, die ich je gesehen habe: Er hatte eine gigantische Nase, und seine Züge waren alles andere als ebenmäßig – aber *quel homme*! Er war geistreich und lustig und nett und fürsorglich; er hatte so ungefähr alle Eigenschaften, die einen Menschen anziehend machen. Ich erzähle Ihnen hier nur deshalb von diesen beiden Männern, weil der erste eine großartige Ausrüstung mitbekommen hatte, diese aber entweder nicht nutzen konnte oder wollte, während der zweite auf den ersten Blick eher uninteressant schien – aber was hat der mich angeturnt (*mucho macho*, wie manche sagen).

Sex und die ganze Auf- und Erregung, die damit einhergeht, ist also primär mental, spielt sich hauptsächlich im Kopf ab. Wenn uns jemand geistig anturnt, dann sind Gesicht und Körper nebensächlich.

Ich finde es unheimlich traurig, daß etwas so Schönes so häufig so gründlich mißverstanden wird. Es gibt Menschen, die scheinbar nichts gegen Gewalt im Kino haben – brutale Schlägereien, blutige Morde, Messerkämpfe, Kriegsgreueltaten etc. –, sich aber furchtbar aufregen, wenn man einen nackten Männer- oder Frauenkörper zu sehen kriegt. Von Liebesszenen auf der Leinwand rede ich ja schon gar nicht.

Nun ist das meine ganz persönliche Meinung, aber ich kann einfach nicht verstehen, wenn Eltern zulassen, daß ihre Kinder Haß und Gewalt und Brutalitäten anschauen, aber schrill protestieren, wenn Sex über den Bildschirm flimmert. Sex ist ein Ausdruck der Liebe – selbst das Paarungsverhalten der Tiere basiert ja auf dem unbewußten Wunsch nach Fortpflanzung –, während man Mord und Gewalt doch wirklich nur als Ausdruck des Hasses und der Furcht bezeichnen kann.

Unterdrückter Sex bedeutet Anspannung, und Anspannung ist der Todfeind von Energie.

In seinem Buch *Medicine for Moderns* schreibt Dr. Frank Slaughter:

Es ist wesentlich wichtiger, den Sexualtrieb zu erkennen und damit richtig umzugehen, als sich auf Fragen der Moral zu versteifen. Ein Mensch, der seinen Sexualtrieb auf eine Art und Weise befriedigt, die die Gesellschaft unmoralisch nennt, der selber damit aber keinerlei Probleme hat, ist wesentlich besser dran als ein moralischer Mensch, der seine sexuellen Bedürfnisse verleugnet und einem Reinheitswahn verfällt, der zu Invalidität führen und sogar in Geisteskrankheit ausarten kann. Ein zu großes Moralbewußtsein ist, psychologisch gesehen, vermutlich schädlicher als zu große Unmoral.

Ich habe so meine eigene Theorie, warum wir sexuell derart verklemmt sind. Ich glaube, daß wir Menschen uns vor Jahrmillionen von Früchten und Beeren und Nüssen und Grünzeug ernährten, wie es heute noch die Affen tun. Eines Tages tötete einer von uns ein unschuldiges Tier und aß es auf. Das Schuldgefühl für diese Tat, die wir unbewußt als falsch erkannten, mußte sich nun irgendwie äußern, und es verlagerte sich auf die schönste und freudvollste Handlung überhaupt – auf den Sex. Hierher paßt dann auch der Unsinn von ›Eva und der Schlange‹. Ich bin überzeugt, daß der Sündenfall im Töten bestand, aber, wie ich schon sagte, das ist meine ganz persönliche Meinung (das Wort ›Sünde‹ hat übrigens mit dem lateinischen *sine* zu tun, was ›ohne‹ heißt – ohne Gott oder ohne Liebe also).

Vor nicht allzulanger Zeit las ich im *Time*-Magazin einen Bericht über einen Aboriginesstamm, den man im Regenwald der Philippinen entdeckte. Für diesen Stamm hatte die Zeit stillgestanden. Diese Menschen lebten vielleicht noch ganz genauso wie vor Tausenden von Jahren. Kein Fremder hatte sie je gesehen, und sie wußten natürlich auch überhaupt nichts von unserer sogenannten zivilisierten Welt.

Sie heißen Tasaday, und die Leute, die sie beobachtet und bei ihnen gelebt haben, nennen sie die ›sanften‹ Tasaday. Sie essen kein Fleisch, sondern ernähren sich ausschließlich von Früchten, Nüssen, Gemüse, Wurzeln und Beeren. Und das wunderbarste an ihnen ist, daß sie keinerlei negative Emotionen zeigen. Sie sind ein sehr glückliches Volk. Sie kennen weder Angst noch Wut, noch Neid, und sie sind sehr poetisch. Und sie gehen ausgesprochen liebevoll miteinander um. Vielleicht wird meine These eines Tages wissenschaftlich erwiesen, vielleicht auch nicht – jedenfalls glaube ich, daß ihre positive Einstellung darauf zurückzuführen ist, daß sie keine Tiere töten und auch kein Fleisch essen. Das ist, wie schon gesagt, meine ganz persönliche Meinung, aber ich stehe mit dieser Ansicht keineswegs allein da.

Es gibt nichts auf der Welt, was sich mit dem Wohlbefinden vergleichen läßt, das uns erfüllt, wenn wir mit einem geliebten Menschen schlafen bzw. uns sexuell vereinigen. Das ist die größte körperliche Freude überhaupt. Und wenn wir Schuldgefühle haben, dann verlagern wir sie auf das, was uns die größte Freude bereitet. Schließlich halten wir uns für schuldig, also für nicht wert, Freude oder Lust zu empfinden.

Wäre der Genuß von Fleisch nur lebensnotwendig, wäre das etwas anderes. Aber er ist es nicht. Ich habe seit über zwanzig Jahren nicht ein einziges Stück Fleisch gegessen, und ich bin der gesündeste Mensch, den ich kenne. Ich bin der lebende Beweis dafür, daß man kein Fleisch zu sich nehmen muß, um gesund oder voller Energie zu sein. Dafür esse ich sehr viel Eier (die haben wahnsinnig viel Lecithin, das dem Cholesterin entgegenwirkt, und sie sind der beste Proteinlieferant überhaupt), Käse, Hüttenkäse, Nüsse und Sonnenblumenkerne (zusammen mit Honig oder Zuckerersatzstoffen unter Hüttenkäse gemischt, schmecken sie einfach köstlich – das ist leckerer als Eiskrem und enthält jede Menge wertvoller Proteine).

Je mehr Energie in Ihren Zellen steckt, desto gesünder und aktiver werden Sie sein. Und je gesünder und aktiver Sie sind, desto mehr Sex-Appeal werden Sie ausstrahlen. Ein gesunder Sexualtrieb ist ein Zeichen für ausgezeichnete Gesundheit. Ich habe nie einen außerordentlich erfolgreichen Menschen, Mann *oder* Frau, kennengelernt, der nicht über einen enormen Tatendrang und Unternehmungsgeist verfügt hätte, und dieser Erfolgsdrang ist im Prinzip nichts anderes als ein in andere Bahnen gelenkter Sexualtrieb.

Der international anerkannte Psychotherapeut und Autor Dr. Arnold Hutschnecker (*The Will To Live*, das seit nunmehr fünfundzwanzig Jahren auf dem Markt ist, *Love and Hate In Human Nature*, *The Will To Happyness* und sein bisher letztes Buch *The Drive For Power*) schreibt in der *New York Times* regelmäßig über psychopolitische Themen und die Rolle, die die Psychiatrie bei der Wahl politischer Führungskräfte spielen sollte; er prägte dabei den Begriff ›Psychopolitik‹. Dr. Hutschnecker, der auch in vielen anderen führenden Magazinen Artikel über Depression und Angstzustände veröffentlicht hat, vertritt die Ansicht, daß die Verdrängung des Sexualtriebs, den er als menschliches Grundbedürfnis ansieht, für eine Reihe neurotischer Probleme verantwortlich ist, und daß sexuelle Befriedigung einen Zustand des Wohlbefindens verschaffen kann, der keineswegs mit zunehmendem Alter nachlassen muß.

Aber noch einmal zurück zu den Tasaday. Sie gehen, wie gesagt, sehr liebevoll miteinander um und haben eine vollkommen natürliche Einstellung, was Sexualität angeht. Sex betrachten sie als eine notwendige Körperfunktion, die jedoch immer mit Liebe verbunden ist.

In der Tasaday-Kultur wird, wie übrigens auch bei den Chinesen, seit jeher das Alter verehrt, weil es Weisheit mit sich bringt. Unsere westliche Zivilisation dagegen betreibt einen regelrechten Jugendkult. Das scheint geradezu lächerlich, wenn man bedenkt, daß gerade das Teenageralter nur einen flüchtigen Moment in unserem Leben darstellt (und eine Zeit, in der wir uns oft überhaupt nicht wohl fühlen, dafür aber um so öfter danebenbenehmen – so war das wenigstens bei mir!), Reife und Weisheit dagegen etwas Bleibendes sind. Aber ich bin auch der felsenfesten Überzeugung, daß Reife und Weisheit keineswegs unbedingt mit einem alten, zusammengeschrumpelten, faltigen und müden Körper einhergehen müssen. Und aus genau diesem Grund habe ich dieses Buch geschrieben. Stellen Sie sich doch nur einmal vor, wie fantastisch es sein wird, weise und reif zu sein, dabei aber immer noch blühend und gesund auszusehen und voller Tatkraft und Liebesenergie zu stecken! Und das ist nicht nur möglicherweise so, sondern ich garantiere es Ihnen, wenn Sie nur genug dafür tun. Sie arbeiten doch auch hart für jede müde Mark, die Sie verdienen – warum arbeiten Sie nicht auch daran, Energie zu schöpfen (die darüber hinaus viel, viel wichtiger ist als Geld).

Ich hatte schon immer gehört, daß chinesische Männer die besten Liebhaber seien, aber mir war nie klar, *warum* das so ist, also habe ich auf eigene Faust ein paar Nachforschungen angestellt. Und ich habe herausgefunden, daß die jungen Männer in der chinesischen Kultur dazu erzogen werden, ihren Samenerguß zurückzuhalten, um so das eigene Vergnügen wie auch das Vergnügen der Partnerin zu verlängern und zu erhöhen. Die chinesische Kultur lehrt, daß beide Partner die höchste Lust nur dann erfahren, wenn der Mann sich Mühe gibt, die Geschlechtsorgane der Frau reizvoll zu erregen. Die

Männer lernen also, sich so lange wie nur irgend möglich zurückzuhalten, aber wenn sie dann endlich zum Höhepunkt kommen, wird der mehr als ein normaler Samenerguß sein: Er wird ein ekstatischer Orgasmus sein, der um so wunderbarer und intensiver ist, je länger er aufgeschoben wurde.

Viele Ärzte vertreten die Ansicht, daß ein Mann nur dann einen wirklich totalen Orgasmus erreichen kann, wenn er das trainiert. Jeder Mann kann sich selber beibringen, die Ejakulation aufzuschieben, sobald er glaubt, gleich kommen zu müssen. Und das tiefe Vergnügen, das es bereitet, seine Partnerin gleich mehrmals auf den Gipfel der Lust zu schicken, während er die sinnlichen Freuden reizvoller Erregung verspürt, wird um soviel mehr befriedigender sein als eine ganz normale Ejakulation. Jede Frau, die das Glück hat, einen derart aufgeklärten Partner zu haben, wird zur glücklichsten Frau auf der ganzen Welt werden.

Das Geheimnis, das hinter jedem fantastischen Sexerlebnis steht, heißt lustvolles Erregen, aber nur jemand, der wirklich liebt, wird sich die Zeit nehmen, die man dazu braucht. Ein wahrhaft Liebender ist nicht an ›bumsen‹ interessiert. Das ist höchstens etwas für frustrierte Leute, für Leute, die Angst vor der Liebe haben oder aus irgendeinem Grund glauben, keine Liebe zu verdienen. Lustvolles Erregen macht Spaß, es ist wie ein aufregendes Spiel, und es steigert die Begierde bis zu dem Punkt, an dem Sie glauben, es nicht mehr länger aushalten zu können – und *genau das* verstehe ich unter fantastischem Sex: die kaum noch erträgliche Begierde, daß jemand, den Sie lieben, Ihnen Lust und Vergnügen und Befriedigung schenken wird.

Eine Frau muß *dazu gebracht* werden, einen Orgasmus zu bekommen – und meiner Ansicht nach haben nur deshalb so unheimlich viele Frauen Probleme, den Höhepunkt zu erreichen, weil ihre Partner sie einfach ›bumsen‹, was die Klitoris und alle Gefühle betäubt, so daß die Frau sich schließlich nur noch wünscht, ihr Mann würde sich beeilen, damit das Ganze möglichst bald vorbei ist. Reizt ein Mann aber seine Geliebte ganz langsam und weiß, wie er sie lustvoll erregen und ihre Begierde so weit steigern kann, daß sie davon geradezu überwältigt ist, dann wird sie einen Orgasmus erleben, der sie bis in ihr Innerstes erschüttert und in ihrem Körper ein wahres Feuerwerk entzündet. Guter Sex braucht viel Zeit und Ruhe, und deshalb sollten Sie nie miteinander schlafen, wenn Sie in Eile sind. Haben Sie nur wenig Zeit, dann zeigen Sie sich doch Ihre Liebe auf andere Art und Weise – turnen Sie sich gegenseitig durch liebevolle Gesten und Taten an, und freuen Sie sich auf das nächstemal, wenn Sie wieder ausreichend Zeit für die Liebe haben. (Siehe Heyne-Taschenbuch Bd. 8735, Naura Hayden, ›Wie man eine Frau befriedigt‹.)

In seinem Buch *Sex Can Save Your Heart and Life* schreibt Dr. Eugene Scheimann, daß sexuelle Freuden dazu beitragen, unser Leben glücklicher und harmonischer zu gestalten – und daß sie auch unsere Gesundheit stärken können. Er sagt:

1. Sex ist das beste und billigste Heilmittel gegen emotionalen Streß
2. Sex ist eine ausgezeichnete Gymnastik und eine wirkungsvolle Therapie

3. Sex hilft bei hormonellen Störungen und vermindert die Verengung der Herzkranzarterien
4. Sex kann den Cholesterinspiegel senken
5. Sex hilft gegen die häufigsten Ursachen von Herzerkrankungen, da er dafür sorgen kann, daß man weniger exzessiv ißt, trinkt und raucht
6. Sex sorgt in den meisten Fällen für ein glücklicheres und harmonischeres Familienleben. Unverheiratete Männer erleiden doppel so häufig einen Herzinfarkt wie verheiratete
7. Sex verhindert bei Männern in höherem Alter das sogenannte »Menopause-Syndrom«, Maskulinitätskrisen und Impotenz
8. Sex befriedigt einige Grundbedürfnisse der Frau – und Sex kann den Alterungsprozeß verlangsamen
9. Sex fördert Zärtlichkeit und Zusammensein und wirkt gegen Feindseligkeit, Selbstzerstörung und Einsamkeit
10. Sex und Liebe schenken Hoffnung, Optimismus, eine positive Lebenseinstellung und Wohlbefinden – alles Faktoren, die für die Behandlung von Herz- und anderen streßbedingten Erkrankungen von herausragender Bedeutung sind

Heutzutage kann man glücklicherweise offen über die Liebe sprechen, und es macht auch Spaß, seine Zuneigung zu zeigen. Aber es wird Ihnen schwerfallen, wie die Turteltäubchen zu gurren, wenn Sie total verspannt sind – sei es mental (wo treib' ich bloß das Geld auf, um all die Rechnungen zu bezahlen?), emotional (ich glaube nicht, daß ihr wirklich etwas an mir liegt – warum hätte sie sonst auf der Party so mit diesem anderen Kerl rumgeflirtet?)

oder körperlich (ich habe das Gefühl, gleich aus der Haut fahren zu müssen).

Haben Sie Ihre körperlichen Anspannungen mit Hilfe des *Dynamite Energy Shake* erst einmal in den Griff bekommen, werden Sie sich auch mental und emotional leichter entspannen – Sie wissen doch, daß die drei oben genannten Faktoren untrennbar miteinander verbunden sind. Und obwohl der Trank und die Vitamine natürlich nicht das Geld herbeizaubern können, um Ihre Rechnungen zu bezahlen, so werden sie doch so viel von Ihrer vorher in Form von Verspannungen blockierten Energie freisetzen, daß Sie nun lockerer an die Sache rangehen und ruhig und vernünftig überlegen, wie Sie zu dem Geld kommen oder Ihre Schulden wenigstens zunächst einmal stilvoll stunden lassen, bis Sie wieder etwas mehr Bares in Händen haben. Wenn Sie körperlich nicht mehr so verspannt sind, können Sie auch Ihrem Ehegespons oder Lebensgefährten durch ein paar liebevolle Gesten zeigen, wieviel er oder sie Ihnen wirklich bedeutet.

In ihrem Buch *Predictable Crises of Adult Life* berichtet Gail Sheehy von einem Mann, der, frisch geschieden, mit Mitte Dreißig nichts anbrennen ließ. Dann, mit knapp vierzig und wieder glücklich verheiratet, traf er zufällig eine seiner früheren Flammen, die ihn, als seine Frau beruflich unterwegs war, zu einer Party einlud. Nach der Party gingen sie zusammen ins Bett, aber er bekam keine Erektion, was ihn zutiefst beunruhigte. Und auch bei anderen Frauen, mit denen er es versuchte, bekam er einfach keinen hoch. Schließlich wurde ihm klar, daß das nicht nur daran lag, daß er sich seiner Frau gegenüber schuldig fühlte, sondern auch daran, daß er von diesen anderen Frauen ausgenutzt wurde. Diese Art von Sex hatte nicht das geringste mit Gefühlen oder Emotionen zu tun – es war lediglich Sex um des Sexes willen. Und er konnte nicht einfach so auf Befehl loslegen. So wurden ihm endlich die Vorteile von Liebe und sexueller Hingabe bewußt, die mit Sex als Machtmittel nicht das geringste gemein haben. Er erkannte, daß er jetzt endlich frei genug war, nicht mehr hinter irgendwelchen Frauen hersein zu müssen, und darüber hinaus steigerte diese neue Freiheit sogar noch seine Liebe zu seiner Frau.

Seit die Blumenkinder der sechziger Jahre die Liebe als etwas Allgegenwärtiges propagierten, scheinen die Menschen weniger Hemmungen zu haben, ihre Zuneigung auch offen zu zeigen. Wir leben heute im Zeitalter des Wassermannes, und das heißt, daß es Zeit ist, sich auf die Menschlichkeit und auf unsere Mitmenschen zu besinnen.

Und Sex – Sex ist längst kein Tabu mehr. Immer mehr Menschen erkennen, daß Sex keineswegs etwas »Schmutziges«, sondern vielmehr das Zeichen für einen gesunden Appetit ist, so wie ein herzhafter Appetit auf Essen ein Zeichen für gute Gesundheit ist. Wenn ein Mensch oder ein Tier krank ist, vergeht ihm als erstes der Appetit. Appetitverlust ist ein sicheres Zeichen für körperliche und emotionale Fehlfunktionen. Stehen Sie unter seelischem Druck, zeigt sich das in einem verspannten, verkrampften Körper. Und umgekehrt führt ein verspannter, verkrampfter Körper zu seelischen Spannungen. Beide Symptome sind untrennbar miteinander verbunden.

Anspannung ist der Todfeind von Energie und damit natürlich auch der Liebeskraft. Körper, Geist und Gefühle funktionieren als ein Ganzes, und wenn ein Teil davon sozusagen außer Betrieb ist, dann wirkt sich das unweigerlich auf die anderen aus. Macht Ihnen Sex also keinen Spaß, oder Sie haben Angst davor, oder Sie halten ihn für etwas »Schmutziges«, dann sollten Sie zuallererst einmal Ihren Körper in Ordnung bringen. Hören Sie auf, ungesundes Essen in sich hineinzustopfen, und ernähren Sie sich von jetzt an bewußt, so daß Ihr persönlicher Motor seine Höchstleistung erbringen kann.

Ein Freund von mir, ein wesentlich älterer, aber sehr dynamischer Mann, der früher einen großen Radiosender besaß und jetzt beruflich anderweitig aktiv ist, hat mir erzählt, wie er dazu kam, sich mit Ernährungslehre zu beschäftigen. Vor ungefähr fünfundzwanzig Jahren kaufte er einen Country Club mit Golfplatz in New Jersey, aber der Rasen sah einfach furchtbar aus, er war schon mehr braun als grün. Also fragte er einen Gärtner, der sagte, man solle dem Gras Vitamine geben (er nannte Dünger Vitamine, denn im Grunde ist er ja auch nichts anderes), und als mein Freund zusah, wie der häßliche braune Rasen sich in ein üppiges Grün verwandelte, erkannte er, was Vitamine bewirken können, und begann, auch selber welche zu nehmen. Er wirkt unglaublich jung für sein Alter, und ich habe einige seiner Freundinnen gefragt, wie es um seine Potenz stünde, und alle haben geantwortet, daß die Vitamine einfach super wirkten!

Da wir gerade von Sex reden, möchte ich auch noch mal aufs Zigarettenrauchen zu sprechen kommen. Dr. Alton Ochsner ist Facharzt am Ochsner Foundation Hospital in New Orleans. Schon achtundzwanzig Jahre bevor der Bericht des Gesundheitsministeriums über das Rauchen veröffentlicht wurde, hatte Dr. Ochsner eine Verbindung zwischen Lungenkrebs und starkem Zigarettenkonsum gefunden. Er ist darüber hinaus überzeugt, daß Zigarettenrauchen auch der sexuellen Gesundheit abträglich ist. Und er meint, daß es wesentlich leichter sei, seine Patienten zu überzeugten Nichtrauchern zu machen, wenn sie glauben, daß das ihr Liebesleben positiv beeinflusse. Das wirke viel mehr als alle Hinweise auf mögliche Herz- oder Lungenerkrankungen.

Dr. Joel Fort ist der Leiter des Center for Solving Special Social and Health Problems in San Francisco, wo man darauf spezialisiert ist, Menschen zu helfen, die sexuelle Probleme haben und das Rauchen aufgeben wollen. Dr. Fort rät allen Rauchern, die unter Impotenz leiden, sich in der zum Center gehörenden Klinik anzumelden und sich das Rauchen abzugewöhnen. Fast alle Männer, die diesem Rat gefolgt sind, berichten, daß ihr Liebesleben sich wesentlich verbessert habe. Und Frauen, die vorher kein Interesse an Sex hatten, sind, nachdem sie das Rauchen aufgehört hatten, richtiggehend aufgelebt.

Rauchen beeinträchtigt das Sexualverhalten gleich zweifach: Erstens verengt der Nikotinkonsum die Blutgefäße, deren Anschwellen die Ursache jeder sexuellen Erregung und Erektion ist – bei Frauen wie bei Männern; darüber hinaus senkt das inhalierte Kohlenmonoxid den Sauerstoffgehalt des Blutes und beeinträchtigt die Hormonproduktion. Und zweitens reduziert starkes Rauchen die Lungenkapazität, was sich negativ auf das Durchhaltevermögen während des Verkehrs auswirkt.

Zwei französische Wissenschaftler, Dr. H. Cendron und J. Vallery-Masson, haben eine Studie darüber veröffentlicht, wie Alter, Tabak und andere Faktoren das männliche Sexualverhalten beeinflussen. Sie teilten siebzig Männer im Alter zwischen fünfundvierzig und neunzig Jahren in zwei Gruppen auf – einunddreißig, die eine oder mehr Packungen am Tag konsumierten, und neununddreißig, die entweder gar nicht oder weniger als fünf Zigaretten pro Tag rauchten. Etwas über die Hälfte der Männer hatte berichtet, daß ihr Sexleben zwischen fünfundzwanzig und vierzig deutlich nachgelassen hätte. Nun zeigte sich zwischen Rauchern und Nichtrauchern ein deutlicher Unterschied: Bei der ersten Gruppe war die sexuelle Aktivität zwischen dem fünfundzwanzigsten und vierzigsten Lebensjahr wesentlich stärker gesunken als bei der zweiten.

Rauchen macht nicht nur kurzatmig, sondern auch müde, und deshalb fehlt vielen Rauchern die rechte Freude am Sex – sollten Sie aber mit Rauchen aufhören, anfangen, sich richtig zu ernähren und sich auch zu etwas sportlicher Betätigung aufraffen, wird nicht nur Ihr Interesse am Sex wiederaufleben, sondern Sie werden auch ganz neue Lust dabei empfinden!

Dr. Ochsner hofft, daß die heutige Offenheit sexuellen Belangen gegenüber auch zu vermehrten Forschungsprojekten führen wird, die den Zusammenhang zwischen Rauchen und sexueller Reaktionsfähigkeit erkunden. Viele Männer und Frauen wissen nicht einmal, daß sie ein Problem mit ihrer Libido haben; erst wenn sie das Rauchen aufgeben, wird ihnen klar, was sie vorher versäumten.

Sobald Sie Ihren Körper in Topform gebracht haben, werden Sie einen gesunden sexuellen Appetit entwickeln, das garantiere ich Ihnen. Und damit werden auch viele Ihrer seelischen Beschwerden verschwinden. Mit jemandem zu schlafen, den man liebt, ist ganz bestimmt nicht ›schmutziger‹ als in einen verlockend glänzenden Apfel zu beißen. Sex ist nichts anderes als der natürliche Abbau von körperlichen Spannungen. Unser Organismus funktioniert mit Hilfe von vielen chemischen Reaktionen und elektrischen Impulsen. Wenn wir zu lange ohne sexuelle ›Entladung‹ auskommen müssen, dann bilden sich Verspannungen, und wir werden nervös und verkrampft. Irgendwann haben wir dann vielleicht einmal einen sehr angenehmen Traum, und wenn wir aufwachen, fühlen wir uns wesentlich besser. Die Natur sorgt schon dafür, daß sie zu ihrem Recht kommt.

Einige Spitzensportler prahlen geradezu damit, daß sie – allen Warnungen ihrer Trainer zum Trotz – vor ihrem großen Auftritt Sex haben. Gleich nachdem Joe Namath 1969 den Jets-Baltimore Colts Superbowl gewonnen hatte, erzählte er vor den Mikrophonen der Fernseh-, Radio- und Zeitungsreporter, daß er in der Nacht vor dem Spiel mit einer Frau geschlafen und deshalb besser gespielt hätte. Auch Derek Sanderson hält nichts von der ›Kein-Sex-vor-dem-Spiel‹-Theorie. Bevor er für die Boston Bruins aufs Feld geht und knallhartes Hockey spielt, hat er gerne intensiven intimen Körperkontakt.

Der berühmte Nachrichtenmann Walter Cronkite sagt, Sex spiele in seinem Leben eine große Rolle, und ein gesundes Liebesleben sei sehr wichtig, wenn man es zu etwas bringen wolle.

Arlene Dahl bezeichnet Sex als Schönheitsmittel Nummer eins für Frauen – ist es nicht wunderbar, daß etwas so Gutes auch noch gut für uns ist! Hätten alle Frauen ihre Einstellung, gäbe es viel mehr zufriedene, entspannte und lebensfrohe Gesichter um uns herum – und zwar bei Männern und Frauen.

Nun ist es leider so, daß viele Leute einen Drink brauchen, bevor sie irgend etwas anfangen können, und dazu gehört oft genug auch das miteinander Schlafen. Haben sie nichts getrunken, können sie sich nicht entspannen. Wenn Sie aber Ihren Körper mit Hilfe des Energietranks und der Vitamine auf Vordermann gebracht haben, werden Sie immer entspannt sein. Die ganzen scheußlichen Verspannungen, die Sie schon fast als etwas Gegebenes akzeptiert haben, werden aus Ihrem Körper verschwinden, und an ihrer Stelle wird sich ein unglaubliches Wohlbefinden breitmachen. Die meisten Menschen trinken, weil sie Angst haben – vielleicht ist ihnen nicht einmal bewußt, daß sie sich vor etwas fürchten, aber ich bin sicher, daß ihre Körper deshalb so verkrampft sind, weil in ihrem Kopf die Angst umgeht.

Wie ich bereits gesagt habe, sind Verspannungen nichts anderes als ›steckengebliebene‹ Energie, und sobald es Ihnen gelungen ist, sie zu ›befreien‹, wird diese freigesetzte Energie dafür sorgen, daß Sie sich körperlich einfach supergut fühlen. Es ist experimentell erwiesen, daß ein Mensch, der körperlich vollkommen entspannt ist, keine negativen Gefühle erleben kann. Das ist auch das Geheimnis, das hinter dem sogenannten ›Wahrheitsserum‹ Natriumpentathol steckt. Dieser Stoff entspannt Ihre Muskeln total, daß Sie keine Angst mehr haben, die Wahrheit zu erzählen. Totale Entspannung beseitigt alle negativen Emotionen wie Eifersucht, Unsicherheit, Haß und Furcht und ersetzt sie durch Liebe und ein Gefühl des Wohlbefindens. Und das ist ein weiterer Vorteil des Energietranks und der Dolomit-Tabletten: Beide sorgen dafür, daß Sie sich auf natürliche Weise entspannen, so daß Sie keinen Alkohol mehr brauchen, der Ihren Körper auf unnatürliche Art entspannt. Natürlich schaden ein, zwei Drinks niemandem – ich rede hier nur von extremem Alkoholkonsum, der aber leider sehr viel häufiger vorkommt, als man wahrhaben will.

Alkoholismus ist primär ein körperliches Problem. Wenn Sie es schaffen, die chemische Unausgewogenheit Ihres Organismus mit Hilfe der Vitamine und des *Energy Shakes* zu beseitigen, werden Sie merken, daß Ihr Verlangen nach Alkohol fast vollkommen verschwindet. Dr. Roger J. Williams und andere Wissenschaftler haben nachgewiesen, daß das Bedürfnis nach Alkohol ursächlich mit Vitamin- und Nährstoffmangel zusammenhängt.

Polly Bergen ist eine sehr schöne Schauspielerin, Sängerin und Geschäftsfrau, die erst nach einer traumatischen Scheidung ihr wahres Selbst fand und nun ein Buch darüber geschrieben hat, das anderen Frauen helfen soll, mit ähnlichen seelischen und sexuellen Problemen, wie sie sie hatte, fertig zu werden. Das Buch heißt *Polly's Principles*, und sie berichtet darin, daß ihre sexuellen Hemmungen zu einem ganz beachtlichen Teil schuld daran waren, daß ihre Ehe scheitern mußte. Sie schreibt, daß Sex und Schönheit nicht voneinander zu trennen seien und daß Sex – gleich hinter der Liebe – auf Platz zwei der Schönheitsmittel rangiere. Weiter sagt Polly, man müsse sich dazu zwingen, den eigenen Körper unbefangen zu betrachten, und das gelte für Männer ebenso wie für Frauen (es ist nämlich keineswegs so, daß alle Männer frei von Hemmungen wären – es gibt sogar viele sehr gehemmte).

Es ist wirklich verblüffend, wie sehr sich die Zeiten und die Menschen ändern. Noch vor wenigen Jahren traute sich kaum jemand, offen über Sex zu reden, und diese relativ junge Freizügigkeit ist ein ganz wichtiger Schritt in die richtige Richtung.

Virginia Graham hat eine wunderbare Einstellung zum Sex. Sex ist für sie etwas, ›wo sich der Kreis aus emotionaler Erfüllung und einer natürlichen Körperfunktion schließt‹. Sie glaubt, daß Eltern und Kirchen für alle Hemmungen verantwortlich sind, die uns quälen. Doch jede Art von Extrem ist ungesund – zuviel Essen ebenso wie zuwenig Schlaf –, und Disziplin, genaugenommen Selbstdisziplin, ist ein wichtiger Faktor jedes Lebensbereichs. Und deshalb spiele sexuelle Disziplin eine wichtige Rolle für die emotionale Gesundheit der Gesellschaft. Doch Virginia weist auch darauf hin, daß das Sexualleben, bevor es einer möglicherweise nötigen Disziplinierung unterworfen würde, erst einmal richtig funktionieren müsse.

Sheila MacRae hält Sex für die natürliche Folge des Wunsches, einmal aus dem eigenen Leib herauszuschlüpfen, den anderen zu erfahren, und dadurch schließlich sich selbst zu finden.

Die Psychologin Joyce Brothers sagt, daß die Jugend von heute jenen kühl-distanzierten, bindungsfreien Sex ablehnt, der während der sexuellen Revolution (Stichwort: Blumenkinder und psychedelische Drogen) vorherrschte. Heutzutage seien die meisten sexuellen Beziehungen von Liebe geprägt, und beide, sowohl Jungen als auch Mädchen, wollten wieder mehr Verpflichtungen eingehen.

Auch Dr. Masters von Masters und Johnson betont, daß Verpflichtung und starke emotionale Bindung eine sexuelle Beziehung ›wesentlich effektiver‹ machen.

Chryssa Dobson, die für den *Cosmopolitan* schreibt, hat den Unterschied zwischen auf Liebe basierendem Sex und täglich wechselnden Liebhabern wunderbar auf den Punkt gebracht:

> Wirklich gut ist Sex nur dann, wenn man sensibel genug auf den anderen reagiert, um zu wissen, was ihm oder ihr sowohl im Bett als auch außerhalb desselben gefällt und Freude bereitet . . . eine Fähigkeit, die man kaum im Laufe einer einzigen Nacht entwickeln kann. Niemand kann in einem einzigen Tag lernen, wie man ein Musikinstrument spielt. Welch eine grauenhafte Vorstellung, jeden Nachmittag das Spielen auf einem anderen Instrument erlernen zu müssen.

Sofern Sie also das Glück haben, einen Menschen um sich zu haben, den Sie tief und aufrichtig lieben, dann ist Sex eine wundervolle, wenn nicht die wundervollste Art überhaupt, diese Liebe zum Ausdruck zu bringen.

II

GEISTIGE LIEBESENERGIE

1. Kapitel
Selbsthypnose als Freudenspender

Selbsthypnose kann nicht nur Schmerzen nehmen, sondern auch Freude und Erfüllung bringen. Und genau das wird sie auch tun – vorausgesetzt, Sie wenden sie richtig an. Wir sind uns dessen nicht bewußt, doch alle Überzeugungen, die wir vertreten, und damit auch unsere Selbsteinschätzung, sind uns gewissermaßen einprogrammiert worden. Haben wir Erfolg, treten wir auf, als ob wir Erfolg verdient hätten und glauben auch, ihn verdient zu haben. Sind wir dagegen erfolglos, stehen uns Versagen und Selbstzweifel ins Gesicht geschrieben, und – das ist das schlimmste – wir halten uns für minderwertig und meinen, nichts Besseres verdient zu haben. Als Kinder wurden wir von unseren Eltern, unseren Lehrern, unseren Freunden oder sogar von uns selbst darauf programmiert, ein bestimmter Typ zu werden, das heißt, uns für etwas Bestimmtes zu halten. Wenn Sie nie etwas anderes zu hören bekamen als die Feststellung, was Sie doch für ein Dummkopf seien, dann werden Sie irgendwann angefangen haben, auch selber daran zu glauben. Und diese Einstellung behalten Sie dann unbewußt Ihr ganzes Leben lang bei. Ganz gleich, *wie sehr* Sie sich auch anstrengen – selbst hinter Ihrem strahlendsten Lächeln verbirgt sich in diesem Fall das unterschwellige Bewußtsein, ein Dummkopf zu sein.

Doch das läßt sich ändern: Wir haben nämlich die Fähigkeit, uns umzuprogrammieren, und das Mittel zu diesem Zweck ist Selbsthypnose. Wir müssen das Bild, das wir von uns selbst haben, so umprogrammieren, daß daraus ein fabelhafter Mensch wird – ein liebenswerter und liebesfähiger, intelligenter und fürsorglicher Mensch, der Freude und Spaß am Leben und an der Liebe hat.

Wissen Sie etwas, was dagegenspräche? Kann nicht jeder zumindest *irgend etwas* wirklich gut? Niemand kann auf allen Gebieten genial sein, aber es gibt auch niemanden, der auf allen Gebieten eine absolute Niete ist. Jeder von uns hat ein Gebiet, auf dem er oder sie wirklich glänzen kann. Und Autosuggestion kann Ihr Leben von Grund auf umkrempeln.

Phyllis Diller wandte Selbsthypnose an und entwickelte ein unglaubliches Selbstbewußtsein. Walter Cronkite benutzte Selbsthypnose dazu, die Sorgen zu absorbieren, die ihm Kollegen bei anderen Sendern zu machen pflegten – jetzt sind ihm die Einschaltquoten der Konkurrenz schnurzegal. Er tritt jetzt nur noch gegen sich selbst an, es geht ihm nur mehr darum, sein absolut Bestes zu geben. Also: Jeder von uns hat die Möglichkeit, sein Leben glücklicher und zufriedener zu gestalten, wenn er Autosuggestion gezielt einzusetzen versteht.

Jim Bouton ist felsenfest davon überzeugt, daß Selbsthypnose sein Leben verändert hat; er sagt, er würde um nichts in der Welt aufhören, sie zu benutzen.

Jim war ein recht guter Baseballspieler der New York Yankees, gerade ein bißchen besser als der durchschnittliche Pitcher. Wäre das alles gewesen, hätte die Welt niemals von ihm gehört. Aber dann schrieb er ein Buch, *Ball Four*, das schonungslos die

Spleens aller bekannten Baseballhelden preisgab. Damit machte er sich ein paar Feinde, schlug folglich eine andere Karriere ein und wurde zu einem der wenigen TV-Sportreporter, die Sinn für Humor besitzen – er ist schon eine echte Marke.

Jim weiß Bescheid über Selbsthypnose, praktiziert sie und kennt viele Leute, die ebenfalls davon profitiert haben. Er besitzt die seltene Fähigkeit, sich ganz und gar auf eine Sache konzentrieren zu können. Nach so manchem gewonnenen Spiel verließ er den Platz völlig geistesabwesend und konnte sich an nichts mehr erinnern. Bevor er etwas in Angriff nimmt, verbannt er alles andere aus seinem Kopf, so daß nichts seine Konzentration stören kann. Als er nach Hollywood kam und seinen ersten Film drehte, brachte ihm diese Fertigkeit großen Erfolg ein. Natürlich arbeiten alle Schauspieler mit Selbsthypnose, denn ohne totale Konzentration könnten sie nie in eine andere Rolle schlüpfen, aber es geht mir hier vor allem darum, festzustellen, daß jedes menschliche Wesen unbewußt Selbsthypnose einsetzt, ohne es überhaupt zu wissen.

Als Jim vor einem Spiel einmal unheimlich nervös war, sagte sein Trainer zu ihm, er solle einfach daran denken, daß es 600 Millionen Chinesen gäbe, die sich den Teufel darum scherten, ob er gewinnen oder verlieren würde, er solle sich also nicht soviel unnütze Gedanken machen, sondern einfach entspannen und sein Bestes geben. Und das hat funktioniert. Jim sagte sich so lange, daß sein Spiel für den Rest der Welt derart unwichtig sei, bis er das Ganze echt locker angehen konnte – auf einmal fiel ihm das Pitchen ganz leicht –, es war etwas, das Spaß machte, nicht mehr eine Frage auf Leben und Tod.

Wenn Sie etwas Bestimmtes vorhaben, dann glauben Sie entweder daran, daß Sie das gesetzte Ziel erreichen können, oder Sie akzeptieren die Einstellung, daß Sie es nicht schaffen. Ein Beispiel: Gehen Sie zu einem Vorstellungsgespräch, dann glauben Sie entweder, daß Sie es hinkriegen und den Job bekommen, oder Sie glauben, es habe eh keinen Zweck. Je mehr Sie davon überzeugt sind, der oder die Richtige für diese Stelle zu sein, desto mehr positive Selbsthypnose benutzen Sie. Je intensiver Sie aber an sich zweifeln, desto mehr gewinnt Ihre negative Selbsthypnose an Wirksamkeit.

Nun halten die meisten Leute Hypnose für einen tranceähnlichen Zustand, in dem ein Mensch über einen anderen Macht besitzt. Aber das ist nicht wahr. Hypnose ist vielmehr eine direkte Verbindung zwischen Bewußtsein und dem Unterbewußtsein, einem riesigen Kräftepotential, das die meisten von uns allerdings kaum jemals nutzen. Ein Hypnotiseur tut nun nichts anderes, als dieses unbewußte Kräftereservoir anzuzapfen, wodurch er uns zu sogenannten ›übermenschlichen‹ Leistungen befähigt. Wird unserem Unterbewußtsein eingeredet, wir hätten doppelt soviel Kraft, wie wir in bewußtem Zustand zu haben glauben, und gelingt es, unser Unterbewußtsein davon zu überzeugen, dann wird unser Körper sich tatsächlich so verhalten, als hätten wir doppelt soviel Kraft, als wir ursprünglich dachten.

Wenn nun ein anderer Mensch unser Unterbewußtsein erreichen kann, dann können wir das auch selber. Es gehört ein bißchen Geschick und Übung dazu, aber die Mühe lohnt sich, und Sie werden sehen, daß es gar nicht so lange dauert, bis Sie den Dreh raushaben. Wir können unser Unterbewußtsein so programmieren, daß es uns vollständig gehorcht. Wir können ihm beispielsweise sagen, daß wir klüger werden wollen, und sobald unser Unterbewußtsein das akzeptiert hat, werden wir ein Intelligenzpotential zur Verfügung haben, von dessen Existenz wir bisher nicht die geringste Ahnung hatten. Als Kinder wurden wir von den Erwachsenen programmiert, die unser Leben bestimmten; jetzt haben wir die Möglichkeit, diese Programmierung selber vorzunehmen und damit unsere Grundeinstellung und Selbsteinschätzung auf dieselbe Art und Weise zu verändern – und zwar in die gewünschte Richtung.

Wenn ich mir selber immer wieder sage, was ich doch für ein disziplinierter Mensch bin, und wenn ich das in dem Bewußtsein tue, daß Selbstdisziplin etwas für mich außerordentlich Wichtiges ist, dann wird mein Unterbewußtsein dies mit der Zeit akzeptieren, und das heißt, daß ich dann tatsächlich disziplinierter sein werde. So kann mir beispielsweise das Abnehmen zunehmend leichter fallen: Mein Unterbewußtsein nimmt mir nämlich die Hauptarbeit ab, und Essen wird immer unwichtiger. Rede ich mir kontinuierlich ein, daß ich sehr erfolgreich sein und viel Geld verdienen will, dann wird mein Unterbewußtsein mir Möglichkeiten aufzeigen, die ich, hätte ich mich alleine auf meinen bewußten Verstand verlassen, vollkommen übersehen hätte.

Was Ihr Unterbewußtsein alles für Sie tun kann, werden Sie erst wissen, wenn Sie es ausprobiert haben. Lassen Sie sich überraschen, denn es ist wirklich unglaublich, was Sie alles erreichen können, haben Sie erst einmal gelernt, dieses immense Kraftpotential anzuzapfen. Es gleicht einem schlafenden Riesen in Ihrem Inneren, der nur darauf wartet, geweckt zu werden. Es ist die Quelle Ihrer Kraft, die Basis für Ihre gesamte Zukunft. Nur lassen eben leider viel zu viele von uns ihr Unterbewußtsein weiterhin von den Einstellungen bestimmen, die man ihnen vor Jahren, ja Jahrzehnten einprogrammiert hat. Als Kinder akzeptierten wir frag- und klaglos alles, was Mami und Papi und die Lehrer von uns hielten. Wenn uns heute jemand nicht mag oder negativ gegen uns eingestellt ist, können wir uns dagegen wehren und uns einfach weigern, diese Meinung zu akzeptieren. Als Kinder aber haben wir alles akzeptiert; was wußten wir schließlich schon über uns selber oder über die Welt um uns herum? Um Gedanken zu beurteilen und sie in positive (die man übernimmt oder beibehält) und negative (die man schnellstmöglich loszuwerden versucht) unterscheiden zu können, braucht es schon eine gewisse Erfahrung.

Sollten Sie also bisher einen Haufen negativen Gedankenguts mit sich herumgeschleppt haben – und wer von uns ist nicht von Kindheit an mit zumindest einigen negativen Gedanken belastet? –, dann ist jetzt der richtige Moment, Ihren Kopf von all dem frei zu machen (und das tun Sie, indem Sie ausschließlich positive Gedanken zulassen und alles Negative verbannen) und Kontakt zu Ihrem Unterbewußtsein aufzunehmen.

Emmet Fox' Buch *Power through Constructive Thinking* enthält ein Kapitel, das die Überschrift ›Die Sieben-Tage-Mental-Diät‹ trägt. Darin schreibt er, daß das, womit Sie Ihren Verstand füttern, Ihren Charakter und somit Ihr ganzes Leben bestimmt. So, wie Ihr Körper im Grunde ja aus den Nahrungsmitteln besteht, die Sie in der Vergangenheit zu sich genommen haben – auch das, was Sie heute essen, wird nach ein paar Stunden in Ihrem Blutkreislauf zu finden sein, und Ihr Blut versorgt das ganze Körpergewebe –, so formen die Gedanken, denen Sie Einlaß in Ihr Gehirn gewähren – die mentalen Nahrungsmittel sozusagen –, Ihre Psyche und Ihre Umgebung. Fox nennt das ein ›Großes kosmisches Gesetz‹ und schreibt, daß sich auch Ihre Lebensumstände ändern werden, sobald Sie Ihre Gedanken geändert haben.

Vor ein paar Jahren habe ich die ›Sieben-Tage-Mental-Diät‹ gemacht, und ich muß Ihnen sagen, das war das Anstrengendste, was ich jemals getan habe. Bestimmte Genußmittel aufzugeben ist viel, viel einfacher, als sich von Gedanken zu lösen, an die wir gewöhnt sind – obwohl sie negativ sind. Aber ich habe die sieben Tage durchgehalten, und mein Leben hat sich tatsächlich geändert. Zunächst zwar nur langsam, aber ganz eindeutig in eine positive Richtung.

Wenn Sie mit der Diät anfangen, werden alle Gedanken gleichsam aufgerüttelt, und von allen Seiten strömen Negativismen auf Sie ein, aber das ist ein gutes Zeichen. Schließlich ist Ihre ganze Gedankenwelt in Bewegung, es ist ein einziges Drunter und Drüber in Ihrem Kopf, aber halten Sie nur durch, denn wenn das vorbei ist, werden sich Ihre Selbsteinschätzung und Ihr tatsächliches Leben zu etwas Neuem zusammengefügt haben, das Ihrer Wunschvorstellung ein gewaltiges Stück nähergerückt ist.

Es war der Anfang einer neuen, mir bislang völlig

unbekannten Denkweise. Wenn ich heute zurück-
blicke, dann sind es vor allem drei Dinge, die mein
Leben so zum Besseren verändert haben. Das erste
war die Lektüre von Ralph Waldo Emerson. Seine
Essays ›Selbstvertrauen‹, ›Die Überseele‹, ›Kompensation‹, ›Geistige Gesetze‹, ›Liebe‹, ›Freundschaft‹, ›Kreise‹, ›Intellekt‹ und andere (ich habe alle
seine Essays mehrmals gelesen, und alle sind einfach fabelhaft) haben mein Leben wirklich verändert und auch meinen Lebensweg beeinflußt. Nicht
zuletzt dank Emerson wurde aus einem dummen,
verwirrten, religiösen Schulmädchen ein Mensch,
der anfing, für sich selbst zu denken. (Und eigentlich bin ich heute noch viel religiöser, das heißt gläu-
biger, als ich es damals war. Heute bin ich nämlich
von einem echten Gefühl für Gott und die Liebe erfüllt, während ich vorher an das abstrakte Konzept
eines Gottes glaubte, das man mir von der ersten
Klasse bis zum letzten Schuljahr eingebleut hatte.)

Der zweite geistige Meilenstein war ein Zitat, auf
das ich in Bob Cummings Buch *Stay Young and Vital*
gestoßen bin: ›Wenn wir Gott die Welt regieren lassen, nimmt das eine riesige Last von uns.‹

Ich weiß noch ganz genau, wie ich das Buch danach weggelegt habe und lange mit meinem Hund
spazierengegangen bin, um über diesen Satz nach-
zudenken. Bis zu diesem Zeitpunkt hatte *ich* versucht, die Welt zu regieren – und war dabei zu
einem körperlichen und seelischen Wrack geworden. Nun sah ich mich plötzlich, wie ich armes,
schwaches kleines Ding ganz allein versuchte,
meine Welt zu regieren, und mir wurde bewußt,
wie lächerlich dieser Versuch doch war. Die An-
strengung, die es mich kostete, die Dinge so zum

Laufen zu bringen, wie ich es mir vorstellte, war enorm – und heraus kam am Ende gar nichts. Jetzt entdeckte ich, daß ein Mensch nicht mehr tun kann, als sein Bestes zu geben; dann muß man zulassen, daß sich die Dinge so weiterentwickeln, wie sie sich entwickeln sollen.

Die dritte große Veränderung kam, nachdem ich die Sieben-Tage-Mental-Diät abgeschlossen hatte. Sie hat mein Denken und Handeln tatsächlich grundlegend verändert, aber sie war, wie ich schon gesagt habe, das Härteste, was ich durchgemacht habe – sogar härter als mit Rauchen aufzuhören, und *das* war verdammt hart, glauben Sie mir.

Während der Mental-Diät arbeitete meine Vorstellungskraft quasi ohne Ruhepausen durch. Ich stellte mir vor, ich hinge an einem riesigen Felsblock, dem einzig Feststehenden inmitten meiner in den Grundfesten erschütterten Welt aus Negativismen, während meine kleine Welt kräftig durchgeschüttelt wurde. Und ich hielt durch, obwohl das manchmal unheimlich schwer war. Jedesmal, wenn ein negativer Gedanke versuchte, sich in meinen Kopf einzuschleichen, stellte ich mir vor, er sei Zigarettenglut, die man augenblicklich fortschnipsen muß (wenn Zigarettenglut auch nur eine Sekunde lang liegen bleibt, brennt es). Während ich nun also damit beschäftigt war, alle Negativismen fortzuschnipsen, und mich gleichzeitig an meinen riesigen Felsblock klammerte, weil meine ganze Welt ins Schwanken geraten war, mußte ich auch noch alle Gedanken sortieren, die mir durch den Kopf schossen. Und es ist nun mal so, daß um so mehr negative Gedanken aufkommen, je mehr man sich bemüht, *nicht* negativ zu denken. Es war also weiß Gott ein

Haufen Arbeit, die alle abzublocken. Es war, als hätten ausnahmslos alle Negativismen in meinem Leben mitbekommen, daß ich gegen sie ankämpfte, und versuchten nun ihrerseits, mir eine saftige Niederlage beizubringen. Andererseits machte gerade das die Sache direkt spannend. Wäre es einfach gewesen, hätte ich nachher nie ein derart großes Erfolgserlebnis verspüren können. Sollten Sie glauben, daß es leicht ist, rate ich Ihnen, es einmal nur eine Stunde lang auszuprobieren – von sieben Tagen gar nicht zu reden. Ist jemand jedoch wirklich entschlossen – wild entschlossen –, sein Leben zum Positiven hin verändern zu wollen, dann kann er oder sie mit Hilfe dieses Buches, das Hilfe zur Selbsthilfe gewährt (und wer könnte besser geeignet oder motivierter sein, Ihnen zu helfen, als Sie selbst?), die Mental-Diät durchziehen.

Als ich damit fertig war, hatte sich meine Denkweise wirklich geändert. Unbewußte Nagativismen (»Die Rolle, für die ich vorspreche, kriege ich eh nicht«, »Sie haben zwar versprochen, mir freitags mein Geld zu geben, aber ich weiß, daß sie es wieder nicht tun werden, und jetzt werde ich erneut mit der Miete in Verzug geraten«) belasteten mich nicht länger. Und ich hatte auf einmal auch einen wesentlich klareren Kopf. Das war aber nur logisch, denn sobald die überflüssigen Negativismen daraus verbannt waren, hatten die positiven Gedanken ja viel mehr Platz, sich zu entwickeln. Das ist genau wie bei einem Computer – bevor Sie anfangen können, effektiv zu arbeiten, müssen Sie erst einmal alle Fehlerquellen beseitigt haben. Und beim menschlichen Gehirn ist es nicht anders.

Positives Denken beseitigt alles negative Gedankengut und alle quälenden Ängste, mit denen viele Menschen sonst nur dadurch fertig werden, daß sie sie mit Hilfe von Tranquilizern, Alkohol oder persönlichkeitsverändernden Drogen betäuben oder unterdrücken. Wer die Sieben-Tage-Mental-Diät erfolgreich durchgehalten hat (und das dauert nun mal eine Woche und nicht einen Tag weniger), hat sich damit selbst bewiesen, daß *er* bzw. *sie* Herr über die eigenen Gedanken ist und daß alle Gedanken seinem oder ihrem persönlichen Kommando unterstehen. Das heißt, daß Ihre Gedanken zu Sklaven Ihres Willens werden, und das vermittelt Ihnen ein Machtgefühl, wie Sie es nie zuvor gekannt haben.

Nicht *die* Gedanken spielen eine Rolle, die sich in Ihren Kopf einzuschleichen versuchen; es zählen nur die, denen Sie erlauben, sich dort niederzulassen. Nur von Ihnen hängt es ab, was Sie denken und worüber Sie nachdenken wollen. Sie haben die Wahl. Entweder Sie denken auch weiterhin negativ, bleiben also in dem eingefahrenen Gleis und jammern weiterhin darüber, wie schlecht es das Leben doch mit Ihnen meint, oder aber Sie entschließen sich, etwas dagegen zu unternehmen und Ihre ganze Lebenseinstellung und damit letztlich auch Ihr ganzes Leben von Grund auf zu ändern. Und wenn Sie das tun, dann werden Sie mit der Zeit nicht nur im Beruf, sondern auch im Privatbereich mehr Erfolg haben und auch ein super Liebesleben genießen.

Ein guter Weg, Kontakt zu Ihrem Unterbewußtsein aufzunehmen, ist, sich vor einen Spiegel zu stellen, sich selber in die Augen zu blicken und laut mit sich selber zu reden. Erzählen Sie sich, was genau Sie sich vom Leben wünschen. Leider wird uns immer wieder eingeredet, daß man nicht viel vom Leben erwarten dürfe, man solle mit Schmerzen und Leid rechnen, aber nicht mit zuviel Gutem. Ich finde das furchtbar traurig, und besonders schlimm ist, daß viele Kirchen diese Lehre predigen: Gott sei nachtragend, das heißt, wenn wir etwas Schlechtes tun, werden wir dafür bestraft – und ›schlecht‹ ist nach Definition vieler Glaubensrichtungen so gut wie alles, was Spaß macht. Folglich erwarten die meisten von uns unbewußt, daß Vergnügen (und ganz besonders sexuelle Freuden) bestraft werden, und versuchen deshalb erst gar nicht, möglichst viel Freude aus dem Leben zu ziehen, möglichst viel Gutes und Schönes zu erleben und zu genießen. Dabei ist das ein richtiger Teufelskreis, denn die Natur will sehr wohl, daß wir Freude und Vergnügen empfinden, und führt uns dementsprechend oft in Versuchung. Haben wir dann aber diese wunderbaren Gaben der Natur genossen, nimmt das vorprogrammierte Schuldgefühl überhand und sorgt dafür, daß wir uns hundeelend fühlen.

In Wahrheit ist es jedoch so – und das beginnen auch immer mehr Leute zu begreifen –, daß das Unterbewußtsein neutral und objektiv ist und nur darauf wartet, programmiert zu werden. Und wenn wir die Möglichkeit nutzen, nur positives Gedankengut einzugeben, werden auch alle Resultate positiv ausfallen. Unser Unterbewußtsein ist kein Richter, den es interessieren würde, wie ›gut‹ oder ›schlecht‹ wir sind. Es ist einfach nur da und wartet darauf, von uns kontaktiert zu werden. Viele sogenannte Atheisten sagen, sie glaubten nicht an die Existenz irgendeines Gottes, sie glaubten nur an die Kraft des Verstandes. Aber kann nicht auch Verstandeskraft Gott sein? Manche Menschen müssen sich Gott als eine personalisierte Vaterfigur vorstellen, für andere wiederum ist Gott jemand oder etwas Unpersönliches. Aber ganz gleich, wie wir ihn oder es nennen wollen – Gott oder Verstand oder Geistesmacht oder Lebenskraft –, er bzw. es existiert jedenfalls. Das ist gar keine Frage.

Wenn Sie sich etwas wirklich von ganzem Herzen wünschen, dann müssen Sie Ihr Unterbewußtsein dazu bringen, es für Sie zu erreichen. Wollen Sie wirklich aufhören zu rauchen, weil Sie jetzt wissen, wie schlecht das für Ihren Körper (und damit auch für Ihre Sexualkraft) ist, dann müssen Sie Ihr Unterbewußtsein dazu bringen, die ganze Arbeit zu tun. Stellen Sie sich vor einen Spiegel und sagen Sie sich, daß Sie die Qualmerei aufgeben. So oft Sie Zeit dazu finden oder Gelegenheit dazu haben, müssen Sie sich vor einen Spiegel plazieren und es sich wieder und wieder vorsagen. Reden Sie sich ein, daß jede einzelne Zelle Ihres Körpers super gesund sein wird und daß Sie ein tolles Liebesleben genießen können. Und wenn Sie gerade keinen Spiegel zur Hand haben, stellen Sie sich Ihr Gesicht vor, und wiederholen Sie Ihr Anliegen. Sagen Sie sich, daß Sie das Rauchen aufgeben, bevor Sie einschlafen. Wiederholen Sie denselben Satz gleich nach dem Aufwachen. So werden Sie es schließlich schaffen, Ihr Denken umzuprogrammieren, und ohne daß Sie es bewußt mitbekommen, wird Ihr Unterbewußtsein dafür sorgen, daß Sie bald gar keine Lust mehr verspüren, permanent zum Glimmstengel zu greifen. Das ist Selbsthypnose – und sie funktioniert! Genauso können Sie sie auch dazu einsetzen, endlich die lästigen überflüssigen Pfunde loszuwerden oder eine neue Freundin (einen neuen Freund) zu gewinnen.

Bekanntlich ist es nun aber leider so, daß das nicht nur im Hinblick auf positives Gedankengut funktioniert, sondern auch bei negativem. Sollten Sie also zu jenen Leuten gehören, die bei sich und anderen immer nur das Negative sehen – »Ich erkälte mich andauernd«; »Ich habe doch eh immer nur Pech«; »Ich finde nie einen Partner, der wirklich zu mir paßt« oder »Alle haben es auf mich abgesehen« –, dann programmieren Sie sich selbst auf Negativismen und brauchen sich nicht zu wundern, wenn das Befürchtete, Herbeigeredete dann auch tatsächlich eintrifft.

Warum nützen Sie dieses immense Kraftpotential statt dessen nicht lieber dazu, etwas zu tun oder zu bekommen, was Sie glücklich machen wird? Wenn Sie Geld haben wollen, schließen Sie die Augen und stellen Sie sich all die Dinge vor, die Sie sich kaufen möchten: eine fantastische Garderobe, einen tollen Sportwagen, eine traumhafte Wohnung, einen Monat auf den Bahamas, eine Segelyacht – lassen Sie Ihrer Fantasie ruhig freien Lauf. Bei der Arbeit am Spiegel sagen Sie sich dann vor, was Sie genau wollen. Fangen Sie mit der Garderobe an (sofern sie das ist, was Sie als erstes haben möchten): Schauen Sie sich direkt in die Augen und sagen Sie, daß Ihr Unterbewußtsein Ihnen eine hinreißende Garderobe besorgen soll. Wahrscheinlich halten Sie mich jetzt für total plemplem, aber wer meinem Rat folgt und es ernsthaft versucht, wird sehen, daß ich tatsächlich recht habe.

Ein entspannter, unverkrampfter Körper, der vor Energie und Tatendrang nur so strotzt, wird auch eine positivere und entspanntere Psyche beherbergen, und es wird Ihnen viel leichter fallen, sich positives Gedankengut anzueignen, wenn Sie Ihren Körper vorher mit dem Energietrank und den Vitaminen in Topform gebracht haben. Nichts ist *nur* psychisch oder *nur* physisch – wir alle bestehen aus Körper, Geist und Seele –, aber der Körper ist nun mal der Teil, der als erster geheilt werden sollte, weil er nämlich das ›Haus‹ ist, in dem die anderen beiden wohnen. Haben Sie Ihren Körper in Superform gebracht, werden Sie automatisch eine positivere Einstellung gewinnen, und es wird Ihnen nicht nur leichter fallen, auf Ihr Unterbewußtsein einzuwirken, sondern Sie werden es geradezu als etwas völlig Natürliches empfinden.

Im *Time Magazine* stand vor einiger Zeit ein Artikel über Shirley MacLaine, und aus dem, was sie dort sagt, geht ganz klar hervor, wie sehr sie auf sich achtet und wie wirkungsvoll das ist:

Bei ihrer ersten Show im London Palladium waren der Schauspielerin Shirley MacLaine ihre 41 Lenze keinesfalls anzumerken. »Meine Muskeln und meine Atmung ist jetzt besser, und deshalb bin ich auch viel relaxter«, sagte sie. »Wenn Sie sich selber gefunden und erkannt haben, was Sie alles können, dann gelingt Ihnen mit vierzig eigentlich alles besser als mit zwanzig.«

Bing Crosby wurde 1936 in der ›Kraft Music Hall‹ zum zweitenmal geboren. Bis zu diesem Zeitpunkt war er kaum in der Lage gewesen, einen vollständigen Satz herauszubringen. Er schien überhaupt keine Identität zu besitzen und war unheimlich introvertiert. Nur beim Singen war er er selbst, und deshalb wandte er sich dem Alkohol zu, in dem er Gelassenheit und Selbstsicherheit zu finden hoffte. Und er wurde abhängig. Dann traf er die beiden Texter Cal Kuhl und Carroll Carroll, die für die Kraft Music Hall arbeiteten, und sie schrieben ihm eine komplette Identität auf den Leib, in der er sich wiederfand und die er sofort und ohne Probleme annahm. Und so wurde aus ihm jener ulkige, nachdenklich humorvolle Improvisateur, den wir alle kennen und lieben. Seine neue, erst mit fremder Hilfe entdeckte Identität hatte sofort durchschlagenden Erfolg; er kam beim Publikum glänzend an, und, was noch wichtiger ist, er mochte sich auf einmal auch selber.

Identitätssuche ist eine der häufigsten Ursachen für Alkoholismus. Das erklärt auch, warum sich so viele Homosexuelle, Männer wie Frauen, in den Alkohol flüchten. Sie wissen nicht, ob Sie Männlein oder Weiblein sein wollen.

Haben Sie sich aber einmal zu einer Entscheidung durchgerungen – bekennen sie sich z. B. also entweder zu ihrer Homosexualität und leben fortan glücklich in dieser Rolle, oder versuchen sie mit Hilfe therapeutischer Sitzungen, das Geschlecht zu akzeptieren, als das sie geboren wurden –, dann schwindet das Bedürfnis nach Alkohol.

Nicht zu wissen, wer man ist und wo man im Leben steht, kostet unglaublich viel Kraft. Es lähmt und hemmt einen in allem. Es ist wie ein Kampf gegen sich selbst, bei dem keiner gewinnt, bei dem man also doppelt verliert.

Auf die Frage, wie es komme, daß er heute fast dynamischer wirke als in jungen Jahren, antwortete der berühmte Ballettchoreograph George Balanchine, der inzwischen hoch in den Siebzigern ist: »Ich habe heute viel mehr Energie als früher, weil ich jetzt nämlich genau weiß, was ich will.« Er vertritt die Ansicht, daß junge Leute in der Regel noch nicht so genau wissen, wo sie stehen und was sie erreichen wollen, wie es ein etwas älterer, reiferer Mensch tut. Erst wenn wir herausgefunden haben, was wir wollen, was wir wirklich vom Leben erwarten, können wir Selbsthypnose anwenden. Es ist also ein ganz, ganz wichtiger Schritt im Leben eines jeden Menschen, bewußt herauszufinden, wo seine Stärken liegen.

Der meiner Meinung nach beste Weg dazu ist, an einem oder vielleicht sogar mehreren Eignungstests teilzunehmen. Die Möglichkeit dazu bietet sich in jeder größeren Stadt. Erkundigen Sie sich im zuständigen Arbeitsamt, wo man Sie bestimmt gerne darüber informiert, wo und wann Sie einen Eignungstest ablegen können. Schaden tut so ein Test in keinem Fall. Und das mindeste ist, daß er Ihnen hilft herauszufinden, zu welchen Fächern Sie eine natürliche Begabung mitbringen und auf welchen Gebieten Sie völlig untalentiert sind. Im besten Fall freilich werden Sie dabei verborgene Talente entdecken, von denen Sie bisher nicht einmal wußten, daß Sie sie überhaupt besitzen. Sie könnten beispielsweise erfahren, daß Farben sehr wichtig für Sie sind, daß Sie ein kreativer Typ sind und daß Sie nicht für eine Arbeit im Freien prädestiniert sind. In diesem Fall sollten Sie Ihren Job als Fernfahrer aufgeben und sich zum Raumausstatter ausbilden lassen. Oder Sie finden heraus, daß Sie gut mit Kindern umgehen können, ein sehr gutmütiger Typ sind und anderen helfen wollen. Wenn Sie in einem solchen Fall anfangen, mit behinderten Kindern zu arbeiten, werden Sie sich zum erstenmal in Ihrem Leben wirklich glücklich und ausgefüllt fühlen. Es ist unglaublich, wie wenig die meisten von uns sich selber kennen, obwohl es doch eigentlich das naheliegendste wäre. Tun wir also etwas dagegen! Haben Sie nämlich erst einmal herausgefunden, was Sie mit dem aufregenden Leben, das vor Ihnen liegt, wirklich anfangen wollen, können Sie damit beginnen, Ihr Unterbewußtsein zu aktivieren und es dazu zu benutzen, Ihre kühnsten Träume wahr werden zu lassen.

Alex Cohens kühnste Träume sind ausnahmslos wahr geworden. Mit einundzwanzig scheffelte er als Coproduzent des Hits *Angel Street* einen Haufen Geld. Anschließend wechselte er in die Werbebranche, machte PR für Bulova-Uhren und dachte sich eine Menge toller Werbegags aus. Aber irgendwie kam er nicht vom Broadway los. Er produzierte eine Reihe von Flops, ließ sich dadurch aber nicht entmutigen und brachte schließlich *At the Drop of a Hat* heraus, das den Anfang zu einer echten Erfolgssträhne mit neun aufeinanderfolgenden Publikumsknüllern bildete (unter anderem *An Evening with Mike Nichols and Elaine May*, *Beyond the Fringe* und *Maurice Chevalier at 77*). Heute hat er eigentlich immer irgendeinen Broadway-Erfolg laufen und arbeitet schon lange fürs Fernsehen. Alex praktiziert bereits seit mehreren Jahren Selbsthypnose und nennt das die stärkste Kraft in seinem Leben. Er sagt, wenn jeder Mensch die Kräfte seines Unterbewußtseins erkennen könne, würde auch jeder Erfolg haben.

Sheila MacRae macht vor jedem Bühnen- oder Fernsehauftritt Selbsthypnose. Eine Stunde vor ihrem Auftritt kapselt sie sich von der Außenwelt ab und verwendet ihre ganze psychische und physische Kraft, sich auf eine einzige Sache zu konzentrieren – auf ihren Erfolg. Sie denkt niemals an das Publikum. Sie beschäftigt sich ausschließlich mit sich selbst und konzentriert sich einzig darauf, eine gute Vorstellung zu bieten. Im Laufe der Jahre hat sie sich eine solche Konzentrationsfähigkeit antrainiert, daß sie nun in der Lage ist, alles außer positiven, das heißt in diesem konkreten Fall Erfolgsgedanken aus ihrem Kopf zu verbannen. Das nennt sie selbst ›Von-Augenblick-zu-Augenblick-Denken‹.

Darüber hinaus hat sie auch ihren Körper durch Selbsthypnose super im Griff. Sie achtet auf ihr Gewicht und hält sich fit, indem sie ihre Psyche und ihre Gedanken kontrolliert. Das scheint zu funktionieren, denn sie sieht wirklich großartig aus!

Sammy Cahn sagt, er fühle sich jetzt wesentlich besser als früher, und er halte häufig Selbstgespräche (auch das ist im Prinzip eine Art Selbsthypnose). Wenn er mit einem Problem konfrontiert werde, dann frage er sich selbst nach der natürlichen Ursache des Ganzen, und die logische Antwort darauf, die wie von selbst kommt, berge dann die Lösung des Problems.

Auch Hildegarde schwört auf Selbsthypnose und sagt, das habe ihr in vielen schwierigen Situationen geholfen. Sie weiß, daß das Unterbewußtsein wirklich enorme Kräfte mobilisieren kann, und sie findet es unheimlich schade, daß nicht mehr Menschen davon wissen. Sie empfiehlt das Buch *The*

Power of Your Subconscious Mind von Dr. Joseph Murphy, das ich gelesen habe und das wirklich gut ist.

Arlene Dahl arbeitet schon lange mit Selbsthypnose und vertritt die Ansicht, daß man alles erreichen kann, was man glaubt, erreichen zu können. Und weil sie sich dessen bewußt ist, benutzt sie ihr Unterbewußtsein wirklich jeden Tag.

Sobald wir erkannt haben, daß Selbsthypnose keine unheimliche, mystische ›Du stehst jetzt in meinem Bann, du fällst jetzt in Trance‹-Angelegenheit ist, sondern vielmehr eine Nutzbarmachung der Ressourcen, die unser Unterbewußtsein (oder unser Höheres Selbst) in sich birgt, können wir dieses Kräftepotential dazu benutzen, alles das zu bekommen, was wir uns vom Leben erhoffen. Dann werden wir endlich erfahren, was wahres Glück und wahre Erfüllung sind. Wenn wir Selbsthypnose dazu verwenden, unser Selbstbewußtsein und unser Selbstwertgefühl zu steigern, also an uns selbst glauben, dann lösen wir dadurch die Verspannungen, die durch Selbstzweifel und Angst vor Versagen entstanden sind. Diese Verspannungen (und wie Sie inzwischen wissen, sind Verspannungen ja nichts anderes als ›festgefahrene, steckengebliebene‹ Energie) werden also gelöst, und die freigesetzte Energie wird uns dazu befähigen, das angestrebte Ziel zu verfolgen – und auch zu erreichen.

2. Kapitel
Nörgler kontra Macher

Es gibt Macher, und es gibt Nörgler. Die Macher haben keine Angst vor Fehlern und Mißerfolg (oder überwinden sie, wenn sie welche haben) und sind damit beschäftigt, ein selbstgesetztes Ziel zu erreichen. Die Nörgler dagegen sind die Kritiker unserer Welt. Sie lehnen sich zurück, be- und verurteilen alles und jeden – nichts und niemand wird verschont. Wenn sie einen Wein probieren, ist er nicht so gut, wie er hätte sein können. Wenn sie ein Theaterstück sehen, ist es nicht so gut, wie es hätte sein sollen. *Nichts* ist so gut, wie es hätte sein können! Es ist traurig, aber wahr: Nörgeln tun immer nur die, die sonst nichts tun.

Sehen und hören Sie sich doch nur einmal in Ihrem Bekanntenkreis um. Echte Machertypen nörgeln nie. Die Nörgler dagegen benutzen ihre Krittelei als Ausrede für ihr Nichtstun. Sie sind viel zu beschäftigt damit, alles herunterzuputzen – kein noch so kleines Detail entgeht ihrer Kritik –, und kommen sich dabei so wichtig vor, daß sie das als Entschuldigung für ihr Nichtstun vorschieben (sie sind wirklich überzeugt von sich und haben keinerlei Schuldgefühle). Und irgendwie steckt dahinter sogar etwas Wahres, denn alles zu bemäkeln ist ganz schön zeitraubend und braucht einen Haufen Energie – aber das ist verschwendete, negative Energie, die einen absolut nicht weiterbringt. Es ist eine passive Art, sich selber und anderen vorzumachen, man täte etwas.

Dabei gibt es so viele Möglichkeiten, aktiv am Leben teilzunehmen; was übrigens auch ungleich viel mehr Spaß macht, als sich immer abseits zu halten und so zu tun, als stünde man über den Dingen.

Die schlimmste Form von Kritik ist Selbstkritik. Die meisten guten Schauspieler sind, was sie selber angeht, überkritisch. Als ich mit dem verstorbenen Dan Blocker für eine Folge von ›Bonanza‹ vor der Kamera stand – er als Hoss und ich als Big Red –, merkte ich, daß er seine eigene Leistung stets sehr kritisch betrachtete. Er war immer bemüht, seine Darbietung noch weiter zu verbessern. Nun, normalerweise gibt es daran überhaupt nichts auszusetzen, wenn jemand aber bereits eine super Leistung gebracht hat und trotzdem noch klagt, kann das ganz schön destruktiv sein. Auch Don Rickles, mit dem ich bei einer Fernsehshow zusammengearbeitet habe, war selber sein schlimmster Kritiker. Aber er hat es geschafft, umzudenken, und gelernt, sich so zu akzeptieren, wie er ist. Deshalb ist er nicht nur ein sehr humorvoller Mensch, sondern auch ein guter Schauspieler geworden.

Die Form von Selbstkritik, die am meisten Kraft und Nerven kostet, ist die Reue. Etwas zu bereuen, was bereits hinter uns liegt, ist so ungefähr das Destruktivste, was es gibt. »Warum habe ich das gesagt? Ich hätte wirklich meinen Mund halten sollen.« – »Warum habe ich diesen Job gewählt und nicht den anderen, wirklich tollen? Was bin ich doch für ein Idiot!« Das einzig wirklich Idiotische ist, sich überhaupt derartige Gedanken zu machen. Das ist unlogisch und schlichtweg dumm. Zu der Zeit, zu der wir bestimmte Entscheidungen treffen, wägen wir alles ab und tun das, was wir für das beste halten. Später stellt sich dann vielleicht heraus, daß es durchaus nicht das beste war. Aber wenn wir uns deshalb selber zerfleischen, ändert das nichts mehr. Es ist nur dumm.

Wir haben das getan, was wir zu diesem Zeitpunkt tun mußten. Wäre uns eine andere Möglichkeit sinnvoller und besser erschienen, hätten wir bestimmt auch anders gehandelt. Denken Sie zurück. Versetzen Sie sich noch einmal in die Situation vor einer Entscheidung. Sie haben beide Seiten gegeneinander abgewogen und sich schließlich zu etwas entschlossen. Hätten Sie die andere Möglichkeit für vernünftiger gehalten, hätten sie diese gewählt. Es ist einfach, hinterher alles besser zu wissen, aber es ist dumm. Wir können und sollen aus unseren Fehlern lernen, aber manchmal sind die Fehler, die wir gemacht haben, gar keine richtigen Fehler, sondern nur ein Glied in einer Kette von Ereignissen, die ohne den sogenannten Fehler vielleicht gar nicht geschehen wären.

Ich bin ein echter Fatalist, weil das für mich die loigschste Denkweise überhaupt ist. Aber fatalistisch sein heißt für mich nicht, passiv dazusitzen und abzuwarten, was von alleine geschieht. Es bedeutet vielmehr, meinen Verstand dazu zu gebrauchen, das, was ich will, anzustreben – und dann, nachdem ich mein Bestes gegeben habe, zu entspannen und zu wissen, daß *que sera sera* – das geschehen wird, was geschehen soll. Mit anderen Worten: Wir sollten alles in unseren Kräften Stehende tun, dann aber den Dingen ihren Lauf lassen und nicht versuchen, irgend etwas zu erzwingen. Das können wir nämlich sowieso nicht.

Wenn Sie einmal objektiv auf Ihr bisheriges Leben

zurückblicken, werden Sie erkennen, daß die meisten Ereignisse überhaupt nicht von Ihnen selbst verursacht wurden, sondern deshalb geschahen, weil jemand anderer etwas getan hat. Ich bin sicher, es gab Ereignisse, die Ihr ganzes Leben verändert haben, ohne daß Sie auch nur den kleinen Finger gerührt hätten. Ich weiß noch genau, daß ich, als ich das erstemal in Buenos Aires war, jeden Abend durch eine bestimmte Straße zum Zentrum gelaufen bin, um dort zu Abend zu essen. Eines Tages entschloß ich mich ohne ersichtlichen Grund dazu, einen anderen Weg zu nehmen, und dort begegnete ich einem Produzenten, den ich wenige Monate vorher in Caracas kennengelernt hatte. Wir gingen zusammen einen Kaffee trinken, und er fragte mich, ob ich die Hauptrolle in einem amerikanischen Film spielen wolle, der in Argentinien gedreht wurde. Natürlich sagte ich ja. Wäre ich nicht an diesem einen Abend diese eine Straße entlanggegangen, dann hätte ich den Produzenten nicht getroffen, und mein ganzes weiteres Leben wäre anders verlaufen.

Das war Schicksal. Es sollte so kommen, und ich habe überhaupt nichts dafür oder dagegen getan. Ein anderes Selbst (wiederum das Unterbewußtsein, das ich mein Höheres Selbst nenne), führte mich in jene Straße. Es passierte nicht, weil ich es so gewollt hatte. Genaugenommen passieren überhaupt nur sehr wenige Dinge, weil wir sie veranlaßt haben. Die meisten Dinge geschehen rein zufällig. Nehmen Sie Ihr eigenes Leben. Rufen Sie sich einige Ereignisse in Erinnerung: zum Beispiel wie Sie jemanden getroffen haben, der Ihr Leben verändert hat (Sie haben nicht wirklich etwas dazu *getan*, es ist doch vielmehr so, daß etwas auf Sie zugekommen ist; oder vielleicht sind Sie gestürzt und haben sich ein Bein gebrochen, und weil Sie dadurch ans Bett gefesselt waren, hatten Sie viel Zeit zum Nachdenken und haben sich entschlossen, Ihr Leben von Grund auf umzumodeln und von nun an anders zu führen (was nie geschehen wäre, wenn Sie nicht den Unfall gehabt hätten). Wie mein Lieblingsphilosoph Ralph Waldo Emerson sagt:

> Was hat mein Wille dazu beigetragen, mich zu dem zu machen, der ich bin? Nichts. Geheimnisvolle Ströme von Macht und Verstand haben mich hierhergetragen, in diese Stunde, zu diesem Gedanken, zu dieser Kette von Ereignissen, und mein Verstand und meine Vorsätze konnten es weder merklich hindern noch merklich fördern.

Jetzt, da Sie gesehen haben, wie das Schicksal Ihren Lebensweg begleitet, wird Ihnen bestimmt auch klar, wie dumm es ist, irgend etwas zu bereuen. Es ist passiert, weil es passieren *mußte*, es sollte passieren. Also lernen Sie daraus, vergessen es dann aber. Nur so können Sie die Energie, die Sie gewinnen, wenn Sie das, was Sie *nicht* wollen, beiseite schieben, dazu benutzen, das anzustreben, was Sie *wollen*.

Viele Leute meinen, Fatalismus bedeute, sich einfach hinzusetzen und nichts zu tun und darauf zu warten, daß etwas geschehe. Aber das ist kein Fatalismus, das ist Dummheit in Reinstform. Echter Fatalismus bedeutet, sein Bestes zu geben und *dann* ruhig und gelöst abzuwarten, daß das geschieht, was geschehen soll. Tun Sie Ihr möglichstes, aber entspannen Sie sich im Anschluß daran, und versuchen Sie nicht, gegen das Schicksal anzukämpfen. Und – das ist besonders wichtig – bereuen Sie nichts, was Sie getan haben, ganz gleich, wie dumm es Ihnen jetzt im nachhinein vorkommt. Zu der Zeit, als Sie es taten, hatten Sie gar keine andere Wahl, denn hätten Sie bessere Möglichkeiten gehabt, hätten Sie *die* wahrgenommen und folglich auch anders gehandelt.

Wenn Sie etwas gesagt haben, was Ihnen heute dumm vorkommt und worüber Sie sich schwarz ärgern könnten, weil es dazu geführt hat, daß Sie einen Auftrag oder einen Freund verloren haben, dann sollten Sie dagegenhalten, daß Ihr Unterbewußtsein Sie auf diesen Weg geführt hat und daß Sie schließlich nicht wissen können, warum es langfristig für Sie sogar besser war, diesen Auftrag oder Freund verloren zu haben. Es sollte so kommen, und auf dem Weg, den Sie dadurch eingeschlagen haben, werden andere Gelegenheiten, andere, bessere Aufträge und andere, bessere Freunde warten.

Die Kehrseite der Medaille freilich ist das Schuldgefühl. Sich selber für etwas zu geißeln, was man bewußt oder unbewußt für falsch oder schlecht hält, ist reine Energieverschwendung. Sie haben zwei Möglichkeiten: Wenn sie nach wie vor glauben, daß Sie falsch oder ›böse‹ gehandelt haben, dann sollten Sie sich vornehmen, etwas Derartiges nie wieder zu tun – und es dann vergessen. Und mit Vergessen meine ich, Sie sollten jeden Gedanken daran aus Ihrem Kopf verbannen und den dadurch frei gewordenen Raum mit etwas Positivem (beispielsweise einer konstruktiven Idee) ausfüllen. Oder aber Sie betrachten Ihre ›Fehlleistung‹ noch einmal ganz unvoreingenommen und vergessen, was Mami oder Papi oder Ihre Lehrer Ihnen in dieser Hinsicht vor Urzeiten eingebleut haben – schließlich sind Sie inzwischen kein kleines Kind mehr, sondern selber erwachsen. Analysieren Sie also Ihre scheinbar falsche Handlung, und überlegen Sie, ob das, was Sie getan haben, wirklich so schlimm war. Haben Sie sich damit selbst verletzt? Haben Sie damit anderen weh getan? Falls ja, dann sollten Sie sich klarmachen, daß das eine Erfahrung war, die Sie machen mußten, die Ihr Unterbewußtsein Sie aus einem ganz bestimmten Grund machen ließ. Alles, was im Leben geschieht, geschieht aus einem bestimmten Grund. Wenn Sie das eingesehen haben, sind Sie einen gewaltigen Schritt vorangekommen. Wollen oder können Sie das jedoch aus irgendeinem Grund nicht verstehen, sollten Sie versuchen, die Einstellung zu gewinnen, daß sich alles zum Guten hin entwickelt, daß auch die Dinge, die zunächst alles andere als vorteilhaft aussehen, sich letztlich als konstruktiv erweisen, also zum Guten wenden werden.

Glückliche Menschen sind Macher – voller Energie und selber aktiv, keine passiven Zuschauer.

Viele Entertainer lesen aus Prinzip nicht, was die Kritiker über ihre Darbietungen schreiben. Wenn sie nämlich den glänzenden Kritiken glauben, dann müssen sie auch die Verrisse glauben – und vielleicht hat der Kritiker an dem Tag nur einen Riesenkrach mit seiner Frau oder einen mordsmäßigen Kater gehabt, oder vielleicht mag er einfach nur keine großen, dünnen Männer (möglicherweise, weil sie ihn an seinen Vater erinnern). Vor ein paar Jahren las ich in zwei verschiedenen Zeitschriften zwei Kritiken über einen Film mit Shirley MacLaine. Und weil sie so bezeichnend sind, habe ich sie ausgeschnitten und aufgehoben. Die eine Kritik, sie stammt von einer Frau, nannte den Film einen der besten der letzten Jahre. Der andere Kritiker, ein Mann, wollte ihn als einen der zehn schlechtesten Filme des Jahres nominiert wissen. Es war einfach unglaublich. Stellen Sie sich das vor – zwei intelligente Menschen, zwei erstklassige und namhafte Kritiker, und derart entgegengesetzte Ansichten. Und doch: Hätten Sie nur die eine Kritik gelesen, hätten Sie sich schnellstmöglich eine Kinokarte organisiert; hätten Sie aber nur die andere gelesen, hätten Sie bestimmt all Ihren Freunden und Bekannten gesagt, sie sollten da bloß nicht reingehen.

Jeffrey Lyons, Film- und Theaterkritiker für CBS-Radio und den Fernsehsender WPIX-TV, lebt in New York und ist ein sehr guter und ausgesprochen fähiger Kritiker. Natürlich könnte man mir vorhalten, ich sei voreingenommen und in seinem Fall nicht objektiv, weil er *Be Kind to People Weak*, der Off-Broadway-Show, die ich geschrieben habe und in der ich auch die Hauptrolle spielte, eine gute Kritik gewidmet hat, aber das haben auch noch ein paar andere Schreiberlinge getan. Mein Respekt für Jeffrey hat also wirklich nur mit der Tatsache zu tun, daß er sich ehrlich bemüht, eine objektive Darstellung des Gesehenen zu geben.

An dem Abend, bevor er Kritiker wurde, aß er mit der wundervollen und schönen Ruth Gordon (bestimmt erinnern Sie sich an ihre fantastische Leistung in *Harold and Maude*) bei *Sardi's* zu Abend, und bei dieser Gelegenheit sagte sie zu ihm: »Überleg es dir immer zweimal, bevor du die Arbeit von jemand anderem in den Dreck ziehst.« Und ich glaube, Jeffrey hat diesen Rat befolgt.

Er analysiert und beschreibt das Gesehene eher, als daß er es kritisiert, und das ist meiner Meinung nach sehr viel konstruktiver als irgendein Verriß, der immer etwas Destruktives enthält. (Manche Kritiker versuchen auch, auf Kosten des zu kritisierenden Stückes witzig zu sein – wie zum Beispiel der Schreiberling, der das Stück *I Am a Camera* zu beurteilen hatte, das vor vielen Jahren am Broadway lief. Ich kann mir gut vorstellen, wie wild entschlossen er gewesen sein muß, die Show schlecht zu finden, um seine smarte Zwei-Worte-Kritik ›Keine Leica‹ anbringen zu können. PS: Das Stück war übrigens ein Riesenerfolg!)

Die Beschreibung oder auch Analyse eignet sich hervorragend dazu, die Spreu vom Weizen zu trennen, aber alles, was darüber hinaus führt, geht dann schon in Richtung Kritik. Nun ist der Begriff Kritik an und für sich ja neutral, also wertfrei, aber leider ist es so, daß Kritik im normalen Sprachgebrauch als etwas Negatives gilt – und das kommt nicht von ungefähr. Übertriebene Kritik ist immer negativ, und alles Negative blockiert Energie und verhindert dadurch eine Entwicklung hin zum Positiven. Etwas besonders Negatives, was viele Menschen davon abhält, ihre Wünsche und Träume zu realisieren, ist die Angst vor Mißerfolg und Scheitern. Diese Angst beruht auf übertriebener Selbstkritik. Wir alle neigen dazu, die Leistungen anderer Menschen über- und unsere eigenen unterzubewerten. Anderen Leuten scheint immer alles sehr viel leichter und müheloser zu gelingen als uns – ohne Schweißtropfen und ohne ermüdende Anstrengungen; es fällt ihnen anscheinend in den Schoß. Dagegen kommt uns das, was wir tun, immer wie mühselige Plackerei vor. »Warum muß ich so verdammt hart schuftten, und ihm wird es geradezu nachgeschmissen?« Das ist ausgemachter Schmarrn! Hinter *jeder* großen Errungenschaft steckt eine Menge harter Arbeit. Aber die Menschen, denen große Leistungen gelingen, verbannen die Angst vor einem möglichen Mißerfolg aus ihrem Kopf. Warum folgen Sie nicht ihrem Beispiel? Was kann Ihnen schließlich schon passieren? Schlimmstenfalls versagen Sie. Na und? Das heißt noch lange nicht, daß Sie deshalb ein Versager sind. Sie haben einmal versagt – was soll's? Jeder, der mal versucht hat, irgend etwas auf die Beine zu stellen, hat auch schon einmal – wahrscheinlich sogar mehrmals – versagt. Und das stempelt Sie noch lange nicht zum Versager. Das kann übrigens sowieso keiner außer Ihnen selbst. Versager zu sein ist nämlich Einstellungssache. Haben Sie es aber erst einmal geschafft, alle übertriebene Selbstkritik loszuwerden (und auch aufgehört, Ihre Mitmenschen zu kritisieren), wird sich Ihre Einstellung von selbst so weit ändern, daß Sie anstehende Aufgaben nicht mehr ängstlich und zaghaft, voller Furcht vor einem möglichen Mißerfolg angehen, sondern sie als Herausforderung ansehen, die es mit Spaß und Elan zu meistern gilt.

Henry Ford, der Autobaron aus Detroit, glaubte weder an Vergangenheitskult noch an Angst vor der Zukunft. Und von Angst vor Mißerfolg hielt er schon gar nichts. »Mißerfolg ist die Gelegenheit für einen intelligenteren Neubeginn«, sagte er. »Ein ehrlicher Mißerfolg ist absolut keine Schande. Erbärmlich ist lediglich die Angst vor Mißerfolg.«

Johnny Carson geht es überhaupt nicht darum, mit anderen Leuten in Wettstreit zu treten – er ist nur daran interessiert, seine eigene Arbeit zu verbessern, damit jede Show noch besser wird als die letzte. Kritik interessiert ihn ebensowenig wie die Tatsache, ob er besser oder schlechter als andere Entertainer oder Talk-Show-Moderatoren ist. Er verwendet seine Energie lieber darauf, sein Bestes zu geben und sein Bestes immer weiter zu verbessern.

Sid Caesar ist das genaue Gegenteil davon. Er besitzt wenig Selbstvertrauen, und die geringste Kritik geht ihm böse unter die Haut. Er macht sich sogar Gedanken darum, daß vielleicht einer der Bühnenarbeiter ihn nicht mögen könnte. Das heißt aber nicht, daß er weniger Talent besäße als andere Entertainer – er ist einer der geistreichsten Menschen, die ich je gesehen habe. (Einmalig ist unter anderem der zehnminütige Sketch aus ›Your Show of Shows‹, wo er allein in einem Zimmer steht und sich anzieht. Zuerst schlüpft er in die Uniformhose ... dann in die Uniformjacke mit den Epauletten, die er mit Hingabe zum Glänzen bringt ... dann zieht er die Schuhe an, die er auf Hochglanz poliert ... und zuletzt setzt er eine Schirmmütze mit viel Messing auf. Er gibt ein Bild militärisch imposanter Grandeur ab und blickt streng und arrogant in die Kamera – aber mit einem derart süffisanten Grinsen im Gesicht, wie es nur ein Sid Caesar fertigbringt. Schließlich verläßt er das Zimmer, holt eine Trillerpfeife aus seiner Tasche und winkt ein Taxi für einen Gast heran – er ist Portier in einem Restaurant.) Aber leider ist Sids Ego schwach und verwundbar, und das kann sehr an seinen Energiereserven zehren.

Alles, was Sie entmutigt, zehrt an Ihren Kräften. Deshalb sollte jeder Mensch daran arbeiten, ein so starkes Ego zu entwickeln, daß er bzw. sie nicht mehr von den Meinungen anderer abhängig ist. Haben Sie aber erst einmal genug Selbstvertrauen und Selbstsicherheit, werden Sie problemlos Ihr Bestes geben, wissen, daß es das Beste ist, und die ganze Angelegenheit vergessen, sobald sie erledigt ist.

Frank Sinatra ist jemand, der niemals etwas bereut hat. Er sagt, wenn er die Möglichkeit hätte, sein Leben noch einmal von vorn anzufangen, würde er nichts anders machen. Der Text seines berühmten Songs ›I did it my Way‹ bringt das wörtlich zum Ausdruck. Als junger Mann, zwischen 1941 und 1958, war Frank unheimlich erfolgreich und ein großer Star, aber dann ging es einige Jahre lang bergab. Er machte eine Menge ›Fehler‹, nahm die falschen Songs auf (falsch für ihn), wechselte mehrmals seinen Manager, hatte eine ganze Reihe persönlicher Probleme, ließ sich von seiner Frau scheiden, heiratete Ava Gardner, ließ sich auch von ihr scheiden, verlor seine Stimme, machte mit Raufereien Schlagzeilen – aber dann erlebte er ein gigantisches Comeback, und zwar mit dem Film *Verdammt in alle Ewigkeit*, für den er sogar einen Oscar erhielt. Nicht lange danach nahm er den Song ›Young at Heart‹ auf, der nach vielen erfolglosen Platten wieder der erste große Hit wurde. Von da an ging es dann nur mehr aufwärts, und Frank wurde einer der größten Stars aller Zeiten.

Aber all den Tiefen zum Trotz, die er auf seinem Weg durchschreiten mußte, hat Frank nie etwas bereut, was er getan hat. Er ist immer seinen eigenen Weg gegangen, hat alles auf seine Art getan, und er ist klug genug, um zu wissen, daß dies der einzig richtige Weg für ihn war. Sie können sich jede Menge Ratschläge holen, Sie können alles gegeneinander abwägen, Sie können fragen, was andere davon halten – aber letztlich müssen Sie alle Entscheidungen ganz alleine treffen; und dann damit leben – ob sie nun gut oder schlecht oder weder das eine noch das andere waren. Und jede Reue, jedes Bedauern, jede Beschuldigung und jede Selbstkritik kostet nur unnötige Kraft und Nerven. Wenn Sie vorhaben, Ihr Leben zu ändern, dann ändern Sie es. Gefällt es Ihnen aber so, wie es ist, dann sollten Sie Ihre Fehler als temporäre Kursabweichungen ansehen, wie jeder Torpedo sie macht, bevor er seine Bahn wieder korrigiert – ein bißchen gegenlenkt –, um dann aber geradewegs auf sein Ziel zuzusteuern. Ein Torpedo hat keinerlei Emotionen – er weiß nur, wo er hin soll. Er ärgert sich nicht, wenn er einen ›Fehler‹ macht, und er bleibt auch nicht auf halbem Wege stehen, nur weil er ein wenig vom rechten Kurs abgekommen ist. Er hält einfach immer von neuem auf sein Ziel zu. Und haben wir es erst einmal geschafft, alle Selbstzweifel und Selbstkritik (sowie Kritik an anderen, die ihrerseits nämlich letztlich auch wieder zu Selbstkritik wird) aus unserem Kopf zu verbannen, dann werden auch wir geradewegs auf unser Ziel zusteuern können – und es erreichen.

3. Kapitel
Wer genau weiß, was er will, kriegt es auch

Los geht's – Scheuklappen aufgesetzt und Voll-
dampf voraus. Wenn Ihre ganze Konzentration auf
das gesetzte Ziel gerichtet ist und wenn Sie sich
nicht von irgendwelchen Nebensächlichkeiten ab-
lenken lassen, dann ist die Grundvoraussetzung erfüllt, um Ihr Unterbewußtsein in Aktion zu versetzen. Und wie Sie inzwischen wissen, fällt ihm die
Hauptarbeit zu, wenn es darum geht, etwas Ange-
strebtes zu erreichen. Die meisten von uns wollen
viele verschiedene Dinge, die ganz unterschiedlich
sind und weit verstreut liegen – und verzetteln sich
darüber. Wir verwenden nicht sehr viel Zeit auf eine
bestimmte Sache. Und das ist unheimlich schade,
denn wenn wir es täten – wenn wir wirklich alles
andere aus unserem Kopf verbannen und uns ganz
und gar auf die ein oder zwei Dinge konzentrieren
würden, die wir im Leben *wirklich* erreichen wollen,
dann würden wir sie nämlich ganz fraglos auch bekommen.

Im Universum herrschen bestimmte feste Gesetze. Wenn Sie Sonnenstrahlen mit Hilfe eines Ver-
größerungsglases konzentrieren und auf ein Stück
Papier leiten, wird das Papier anfangen zu brennen.
Und mit Ihren Gedanken, die noch viel mehr Macht
besitzen als Sonnenstrahlen, ist es ganz genauso:
Konzentrieren Sie sie auf ein bestimmtes Objekt,
und es wird Feuer fangen; pusten Sie dann die
Flammen an, und Sie werden haben, was Sie wollen.

Es funktioniert. Aber es braucht seine Zeit, und die meisten von uns haben entweder nicht genug Geduld, oder aber es fehlt ihnen der Glaube, daß es wirklich funktionieren wird. Sie dürfen nur niemals aufgeben, es zu wollen, Sie müssen es immer im Kopf behalten – und außerdem muß Ihre Vorstellungskraft mit ins Spiel kommen.

Man hat herausgefunden, daß die Vorstellungskraft dem Willen eindeutig überlegen ist. Der französische Psychologe Émile Coué (1857–1926), ein überzeugter Anhänger der Autosuggestion (»Es geht mir von Tag zu Tag besser und besser«), hat einmal gesagt: »Sind Wille und Vorstellungskraft diametral entgegengesetzt, trägt ausnahmslos immer die Vorstellungskraft den Sieg davon.« Und noch ein Zitat zur Vorstellungskraft, der dominanten Kraft der Psyche; es stammt von dem amerikanischen Schriftsteller Clarence Buddington Kelland:

Die Menschen haben mich schon immer fasziniert, und besonders spannend finde ich ihre ›Warums‹ und ›Wiesos‹. Deshalb habe ich mir die Mühe gemacht, ihre Karrieren zu untersuchen und zu analysieren. Nachdem ich mich nun jahrelang mit diesem Thema beschäftige, glaube ich, die eine große, zwingende Kraft entdeckt zu haben, die jeden Menschen zu dem macht, was er schließlich wird.

Ich halte diese Kraft für die größte und bedeutendste überhaupt. Alle anderen Ursachen sind meiner Ansicht nach sekundär und dieser Kraft untergeordnet. Sie ist so machtvoll, daß nicht einmal das mindeste Vorhaben gelingt, trägt sie nicht ihren Teil dazu bei. Und sollte sie plötzlich aus der Welt verschwinden, würde alles zum Stillstand kommen und die Menschheit zu einer automatisierten Masse werden, die schwerfällig und phlegmatisch ihre sinnlosen Kreise zieht.

Diese Kraft ist nicht die Liebe; es ist nicht die Religion, nicht die Tugend und auch nicht der Ehrgeiz, denn keine von diesen könnte auch nur eine einzige Stunde lang ohne sie existieren ... Es ist vielmehr die Kraft der Imagination, die Vorstellungskraft.

Jedem Kind bringt man bei, was es tun *soll* – aber nur wenige haben das Glück, bei der Entdeckung dessen unterstützt zu werden, was sie tun *können*. Und dabei ist es gar nicht so schwer, seine Vorstellungskraft zu benutzen. Stellen Sie sich das, was Sie wollen, bildlich vor. Denken Sie darüber nach. Wenn Sie abnehmen wollen, können Sie sich zwar vornehmen, nichts zu essen, aber Sie werden früher oder später rückfällig werden und sich einen Happen (oder mehrere) holen. Sind Sie jedoch verliebt, fangen Sie an sich vorzustellen, wie Ihr Geliebter Ihren wundervollen, schlanken Körper liebkost, und dann ist ihr Appetit im Nu verschwunden. Oder nehmen wir das Rauchen. Selbst wenn Sie den festen Willen haben, endlich aufzuhören, werden Sie vergeblich dagegen ankämpfen. Sie werden sich einreden, ein einziger Glimmstengel könne doch bestimmt nicht schaden, und schon sind Sie wieder mittendrin. Aber lassen Sie Ihren Arzt sagen, er gebe Ihnen noch gute fünf Jahre, dann wird Ihre Vorstellungskraft einsetzen – und es heißt garantiert good bye blauer Dunst. Möglicherweise wird Ihnen auch endlich klar, daß starke Raucher frühzeitig altern und viele Falten bekommen, und Sie wollen Ihre Haut doch möglichst lange jung und makellos erhalten; auch in dem Fall wird es Ihnen leichtfallen, das Rauchen für immer sein zu lassen – es sei denn, Sie haben einen geheimen Hang zum Masochismus und fahren voll auf faltige Haut ab.

Aber Imagination allein ist nicht alles. Sie können die beste Vorstellungskraft der Welt haben – wenn Sie nicht genügend Beharrlichkeit und Ausdauer besitzen, um das, was Sie sich vorgenommen haben, auch durchzuziehen, wird Ihnen die ganze schöne Vorstellungskraft nichts helfen, sondern nur zu Tagträumen führen und sich in diesen erschöpfen.

Eine Eigenschaft, die alle erfolgreichen Menschen besitzen, ist Beharrlichkeit. Sie geben niemals auf. Natürlich brauchen sie auch andere Fähigkeiten, aber ohne Ausdauer und Beharrlichkeit wären die nutzlos und vergeudet. Erfolgreichen Typen ist schnurzegal, was andere über sie denken – wenn sie sich in den Kopf gesetzt haben, etwas wirklich zu wollen, dann werden sie so lange dafür schuften, bis es erreicht ist. Ich selber habe oft zu hören bekommen: »Warum gibst du dieses Projekt oder jenes Geschäft nicht auf und machst statt dessen etwas anderes?«

Die meisten Menschen merken nicht einmal, daß sie alles Schwierige – und was im Leben ist nicht schwierig? – fallenlassen, um sich etwas Neuem zuzuwenden, das dann nach einiger Zeit auch wieder aufgegeben wird, und so weiter, und so weiter. Der Grund, warum wahrer Erfolg so selten ist, liegt darin, daß die meisten Menschen einfach nicht so lange bei einer Sache bleiben, bis sie durchgestanden ist. Natürlich sollte die Sache, die es durchzuziehen gilt, wichtig und der Mühe wert sein.

Als ich vor einigen Jahren zu Fernsehaufnahmen in Chicago war, hatte ich einen freien Sonntag und kaufte mir alle Chicagoer Sonntagszeitungen, um sie in Ruhe durchzublättern. In jeder Sonntagsbeilage befand sich eine ganzseitige Anzeige, die ich so toll fand, daß ich alle ausschnitt und mit nach New York zurücknahm, wo heute eine in meiner Wohnung hängt (eine andere schenkte ich einem Freund, der genauso hartnäckig ist wie ich). Die Anzeige warb für McDonalds Hamburger (und ich esse nicht mal Fleisch), und die Idee dazu stammt garantiert von demjenigen, der dieser Fast-food-Kette zu ihrem weltweiten Erfolg verholfen hat. Vor meinem geistigen Auge sah ich Irving McDonald (alias Ray Kroc) an einer staubigen Landstraße stehen und seine Hamburger verkaufen, während seine Frau und seine Familie und alle seine Freunde ihm einzureden versuchten, diesen Unsinn doch endlich aufzugeben und statt dessen lieber wieder als Versicherungsdirektor zu arbeiten. Aber er sagte nein – er wußte, daß er eines Tages zu einer amerikanischen Legende werden würde. Er hielt durch, und seine Entschlossenheit machte ihn reich und berühmt. Hier der Text der Anzeige:

NIEMALS AUFGEBEN

Beharrlichkeit und Ausdauer sind durch nichts auf der Welt zu ersetzen. Nicht durch Begabung – es gibt Unmengen begabter Menschen, die keinen Erfolg haben. Auch nicht durch Genialität – brotlose Genies sind schon fast sprichwörtlich. Und auch Bildung allein hilft nicht weiter – die Welt ist voller arbeitsloser Akademiker. Einzig Beharrlichkeit und Entschlossenheit sichern den Aufstieg zum Erfolg.

Als ich den Entschluß faßte, dieses Buch über Energie zu schreiben, beschloß ich, auch ein paar Berühmtheiten – größtenteils Freunde von mir – verschiedene Fragen über Energie zu stellen (alle erfolgreichen Menschen haben viel Energie), und eine der Fragen betraf Beharrlichkeit und Ausdauer. Ich wollte genau wissen, wie entschlossen und hartnäckig sie sind.

Henny Youngman gilt als ungekrönter König der Einzeiler: »Seit neunundzwanzig Jahren liebe ich die gleiche Frau – wenn meine Frau jemals davon erfährt, bringt sie mich um.« Wenn er sein Publikum nicht gleich mit dem ersten Gag für sich gewonnen hat, dann schafft er es mit dem zweiten oder dritten oder vierten. Sie folgen so rasch aufeinander und sind so mitreißend, daß er früher oder später jeden zum Lachen bringt. Henny sagt, er würde niemals den Wunsch nach etwas aufgeben, von dem er glaubt, daß er es zu Recht verdient.

Der geniale Entertainer Alexander Cohen, der alles in großen Dimensionen sieht und tut, weist gerne darauf hin, daß er Löwe ist (und bemerkt dann ganz nebenbei, daß auch Billy Rose, Barnum und Florenz Ziegfeld Löwen waren). Er weiß, daß er extrem hartnäckig sein kann, und sagt über sich selbst: »Mein Tatendrang treibt mich voran.«

Arlene Dahl ist ebenfalls Löwe (und eine ›11‹ – sie ist eine begeisterte Anhängerin der Numerologie und hat mir gesagt, daß auch ich eine ›11‹ sei). Sie fing als Showgirl in einem drittklassigen New Yorker Lokal an, kam dank ihrer Schönheit und unglaublichen Entschlossenheit aber rasch nach oben. Sie ist überzeugt, daß sie alles erreichen kann, was sie sich vornimmt, und ist extrem hartnäckig, wenn es darum geht zu kriegen, was sie sich in den Kopf gesetzt hat. Sie wurde ein Filmstar, gab sich aber nicht damit zufrieden, einfach nur ein hübsches Gesicht unter vielen zu sein – als es mit ihrer Filmkarriere langsam abwärtsging, hatte sie sich schon auf ein Leben als Geschäftsfrau vorbereitet, und jetzt ist sie dabei, ein Finanzimperium aufzubauen. Ich habe Fotos aus ihrer Jugend gesehen, aber ich finde sie heute schöner als damals. Ihre Entschlossenheit, immer vor großem Publikum aufzutreten, hat dazu geführt, daß sie sich ihr hervorragendes Aussehen bewahrt hat, und genau das ist auch das Geheimnis ihres beruflichen Erfolgs.

David Susskind war schon immer unglaublich hartnäckig, wenn er etwas unbedingt erreichen wollte. Ich erinnere mich noch genau daran, wie es war, als er versuchte, das Rauchen aufzugeben, es aber nicht schaffte. Da half ihm sein Arzt weiter – er maß Davids Blutdruck und sagte ihm seine Werte, die recht normal waren. Dann bat er David, eine Zigarette zu rauchen, was er auch tat. Und dann legte sein Arzt ihm das Meßgerät noch einmal um den Arm und maß erneut den Blutdruck, der durch das Rauchen enorm angestiegen war. Der Arzt erklärte ihm, daß jede Zigarette die Blutgefäße des Körpers verenge, was zu Verspannungen führe und wie ein ›Aufputschmittel‹ wirke. Dieses Experiment hat David (bzw. seine Vorstellungskraft) jedenfalls so beeindruckt, daß er die Qualmerei sofort einstellte und seither nie wieder zu einer Zigarette gegriffen hat. Dazu brauchte er eine unheimliche Entschlossenheit, denn er sagt, daß ihm das Rauchen noch immer abgehe, und fände jemals jemand heraus, daß Rauchen doch gesund sei, wäre er der erste, der wieder damit anfangen würde.

Jim Bouton weiß, daß er extrem hartnäckig sein kann. »Meine Mutter sagte immer, ich würde nie ein Nein als Antwort akzeptieren, und das hat sie bestimmt nicht als Kompliment gemeint. Aber es hat mir viel geholfen, als ich älter wurde. Ich bringe nämlich immer mehr zustande.«

Einer der entschlossensten Männer, die ich jemals kennengelernt habe (und darüber hinaus ist er auch noch charmant, brillant, klug, humorvoll, geistreich und aufmerksam) ist der ehemalige Präsident des Borough von Manhattan, Percy Sutton. Er ist wirklich bewundernswert und verfügt über eine bemerkenswerte Beharrlichkeit. Geboren wurde er in San Antonio, Texas, und zwar als das jüngste von fünfzehn Kindern schwarzer Eltern. In seiner Kindheit durften Schwarze den Stadtpark von San Antonio nur einmal im Jahr betreten. Er sagt: »Ich habe davon geträumt, Bürgermeister von San Antonio zu werden, und eine meiner ersten Amtshandlungen sollte sein, dem Polizisten, der am Eingang Wache stand, zu sagen, er solle Kinder aller Hautfarben in den Park lassen, damit sie dort spielen könnten. Mit sieben Jahren wußte ich, wer den Polizisten dort aufgestellt hatte und wer in San Antonio das Sagen hatte, und mir war klar, daß ich es würde ändern können, wenn ich Bürgermeister wäre.« Heute will er natürlich nicht mehr Bürgermeister von San Antonio werden, aber ich persönlich hoffe, daß er eines Tages Bürgermeister von New York wird. Und ich bin mir sicher, daß ein Mann von seiner Entschlossenheit das wirklich schaffen kann!

Der Dichter Mark Van Doren, der schon mit dem Pulitzerpreis ausgezeichnet wurde, glaubt an das ›ganz da sein‹, glaubt daran, alles erreichen zu können, wen man sich nur ganz auf eine Sache konzentriert und sich durch nichts und wieder nichts davon abbringen läßt:

Es gibt etwas, das wir alle tun können, und die glücklichsten Menschen sind die, die sich dabei bis an die Grenzen ihrer Möglichkeiten vorwagen:

Wir können ganz da sein. Wir können vollkommen präsent sein. Wir können bestimmen, in welche Richtung unsere Gedanken wandern sollen – ob zum Gestern, zum Morgen, zu etwas, das wir lange vergessen glaubten, oder hin zu einem anderen Ort, den wir als nächstes aufsuchen wollen. Es ist nicht einfach, das zu tun, aber es ist noch schwieriger, im nachhinein zu verstehen, warum wir versagt haben. Jedes Versagen, jedes Scheitern beginnt in dem Moment, in dem wir aufhören, einem Menschen oder einer Angelegenheit unsere volle Aufmerksamkeit zu schenken.

Virginia Graham nennt sich selbst »atemberaubend hartnäckig und rational entschlußkräftig. Energie kann sich verflüchtigen, kann aber durch Wissen wiedergewonnen werden und einem neue Kraft geben«.

Der Jockey Walter Blum ist unheimlich entschlossen. Können Sie sich vorstellen, daß dieser großartige Reiter eine Allergie gegen Tierhaare und Staub hat? Er merkte es Anfang der 1950er Jahre, gleich nachdem er angefangen hatte, als Berufsreiter zu arbeiten. Plötzlich fing er an zu keuchen und hatte große Probleme, überhaupt Luft holen zu können. Eine Zeitlang sah es so aus, als müsse er das Reiten aufgeben, aber er war derart entschlossen, ein guter Jockey zu werden, daß er dafür alles getan hätte. Er ging zu vielen Ärzten, aber keiner wußte, was mit ihm los war. Schließlich suchte er einen Allergologen auf, der ihn durchtestete und endlich herausfand, daß und worauf er allergisch reagierte. Er muß viele Medikamente nehmen, um auf der Rennbahn arbeiten zu können, aber er sagt, daß es ihm das wert sei, wenn er nur weiterhin seine geliebten Pferde reiten kann.

Nun dürfen Sie Willen nicht mit Beharrlichkeit verwechseln. Sie können etwas wollen, es dann nochmals überdenken und Ihre Meinung, das heißt Ihren Willen, daraufhin ändern. Vorstellungskraft und Entschlossenheit aber hängen direkt zusammen. Je größer die eine, desto größer auch die andere. Je klarer Sie Ihr Ziel vor sich sehen (je klarer Sie es sich bildlich vorstellen können), desto entschlossener und hartnäckiger werden Sie es verfolgen. Jeder, mit dem ich darüber gesprochen habe, sagte mir als erstes, daß man sich nur dann wild entschlossen für etwas einsetzen könne, wenn man es *wirklich* will. Es liegt ein himmelweiter Unterschied dazwischen, ob man etwas lediglich gerne haben möchte – das ist ein hohler Gedanke, der durch nichts unterstützt wird –, oder ob man etwas, das man bildhaft vor Augen hat, wirklich ersehnt und auch so lange durchhält, bis man es tatsächlich erreicht.

Wollten Sie nicht schon immer ein Buch schreiben? Fangen Sie mit einer, oder vielleicht sogar nur einer halben Seite pro Tag an – und nach einer Woche haben Sie bereits sieben bzw. dreieinhalb Seiten. Wenn das kein Anfang ist! Stellen Sie sich vor, Sie sitzen mit Ihrem Agenten zusammen (das ist der erste Schritt zum verkauften Buch) und besprechen, wie Sie Ihr Werk am besten vermarkten, das heißt, welchem Verlag er es anbieten soll. Stellen Sie sich dann vor, Sie sitzen mit einem Verleger zusammen, vor dem Ihr Buch liegt. Stellen Sie sich vor, wie aufregend es sein wird, Ihr Buch in einem Schaufenster zu sehen und zuzuschauen, wie die Leute in den Laden hineingehen und es kaufen. Nun, haben Sie Blut geleckt? Ist Ihre Begeisterung entfacht? Wenn Sie sich diese Schritte zum Erfolg nur bildlich genug vorstellen können, wird Ihre Entschlossenheit, ein Buch zu schreiben, derart wachsen, daß Sie sofort damit anfangen möchten. Aber natürlich müssen Sie es auch fertigschreiben. Und wenn es fertig ist und wenn Sie ein paar Absagen kassieren, darf Sie das nicht entmutigen. Versuchen Sie die Leute, die es abgelehnt haben, dazu zu bekommen, Ihnen den Grund für die Absage zu nennen. Sind Sie dann derselben Meinung wie die Fachleute, die sagen, Ihr Buch brauche zum Beispiel mehr Action oder weniger Action, schreiben Sie die betreffenden Passagen um und ändern alles Beanstandete, und irgendwann wird Ihr Buch gedruckt werden. Das Buch, das Sie gerade lesen, wurde von acht Verlagen abgelehnt. Der neunte nahm es – und inzwischen wurden über zwei Millionen Exemplare davon verkauft. Sie sehen, es reicht, wenn Ihr Werk nur einem Verleger gefällt.

Vor einiger Zeit stand in der *New York Times* ein Artikel darüber, wie ein späterer Nummer – 1 – Bestseller zahllose Male abgelehnt wurde und, weil der Autor nicht aufgab, schließlich doch einen Riesenerfolg hatte.

Wie das Schwarze Schaf des Verlagswesens ein Nr. –1 – Bestseller wurde. Der fabelhafte Erfolg von *Winning through Intimidation* sucht in der gesamten Verlagsgeschichte seinesgleichen. Nachdem das Buch von großen Verlagshäusern kategorisch abgelehnt worden war, erstaunt bereits die Tatsache, daß es überhaupt gedruckt wurde.

Wie konnte dieses Schwarze Schaf nun gar den Aufstieg aus der totalen Ablehnung bis hinauf zum Gipfel des Verlagswesens schaffen? An Gerüchten darüber, wie dieser beispiellose Erfolg zustande kommen konnte, besteht kein Mangel – manche sind geradezu legendär. Jedenfalls hat sich der Autor von den ›Experten‹ – die behauptet hatten, für einen solchen Titel gäbe es keinen Markt – nicht einschüchtern lassen, sondern sich an eine seiner eigenen grundlegenden Definitionen gehalten: »Ein Experte ist lediglich jemand, der sämtliche Gründe dafür kennt, warum Sie etwas nicht erreichen können.«

Vor gar nicht langer Zeit wurde die Cheflektorin eines bekannten New Yorker Verlagshauses gefeuert, weil die letzten sieben Titel, die sie abgelehnt hatte, bei anderen Verlagen erschienen waren und die Bestsellerlisten erklommen hatten. Denken Sie immer daran, daß jede Absage – *jede* Absage – immer nur die Meinung einer einzigen Person darstellt. Und was ein Mensch verabscheut, kann ein anderer hinreißend finden.

Wenn Sie Sänger/in werden wollen und glauben, Talent zu besitzen, dann sollten Sie sich informieren, welche Bars oder Clubs Amateure auftreten lassen, und dort singen. Und wenn Sie den Mut finden, sich vor einem Publikum zu präsentieren, haben Sie die Schlacht schon halb gewonnen. Vielleicht möchten Sie aber auch lieber Gesang studieren. Suchen Sie sich einen guten Lehrer, und nehmen Sie Unterricht. Falls Ihnen der erste Lehrer nicht zusagt, probieren Sie einen anderen oder einen dritten – suchen Sie solange, bis Sie jemand gefunden haben, der dieselbe Wellenlänge hat wie Sie. Aber geben Sie niemals auf. Wenn Sie wirklich und ehrlich singen wollen, dann lassen Sie sich durch nichts und niemand davon abbringen.

Möglicherweise wird es eine Zeitlang dauern, bis Sie mit dem, was sie wirklich tun wollen, Geld verdienen. Bis es soweit ist, sollten Sie es also neben Ihrem jetzigen Job tun. Wenn Sie Sekretärin sind, sich aber zur Schriftstellerin berufen fühlen, können Sie morgens, in der Mittagapause und am Feierabend schreiben. Sind Sie Schuhverkäufer und möchten Sänger werden, können Sie jederzeit üben, abends bei Talentshows auftreten – und mittags Ihren Kollegen eine Kostprobe Ihres Könnens geben.

Konzentrieren Sie sich nur völlig auf das, was Sie wirklich wollen, und stellen Sie sich vor, wie toll es sein wird, wenn Sie mit Ihrem Vorhaben Erfolg haben. Lassen Sie nicht locker, bevor Sie Ihr Ziel nicht erreicht haben. Lassen Sie nicht zu, daß irgend jemand es Ihnen ausredet. Lassen Sie sich von nichts und niemand – auch nicht von Ihnen selbst – davon abbringen. Und wenn Ihr Durchhaltevermögen genauso groß ist wie Ihr Wunsch, dann werden Sie das Angestrebte ganz bestimmt erreichen.

III

SEELISCHE LIEBESENERGIE

1. Kapitel
Liebe, und die Welt liebt dich

Liebe bedeutet sich kümmern. Nicht mehr und nicht weniger. Zwar versuchen die meisten Menschen, dem Wort Liebe eine tiefere Bedeutung beizumessen, aber letztlich läuft alles doch wieder auf das Sichkümmern hinaus. Sich um sich selber, um einen anderen, und um viele andere zu kümmern. Wer verliebt ist, befindet sich auf einer Art Egotrip – verliebt sein bedeutet, sich ausschließlich um *einen* fabelhaften Menschen zu kümmern, der einem das Gefühl gibt, selber fabelhaft zu sein (irgend jemand hat einmal gesagt, Lieben heiße das eigene Bewußtsein im anderen wiederzufinden).

Was heißt nun sich kümmern? Sich kümmern heißt, für einander dazusein, für einander zu sorgen. Sich kümmern bedeutet, daß es einem eben *nicht* egal ist, was in der Welt geschieht, daß man an etwas – irgend etwas – wahrhaft Anteil nimmt und sich dafür engagiert: für eine friedliche Lösung des Nahostkonflikts oder gegen Krieg im allgemeinen (das ist Friedensliebe), für die New York Mets oder für Baseball im allgemeinen, für den Menschen, mit dem man sein Bett teilt, oder für die Menschheit im allgemeinen. Sie können sich um Ihr Baby kümmern oder sich für das Kinderhilfswerk im allgemeinen engagieren, Sie können sich um Ihren Hund bzw. Ihre Katze kümmern oder sich für Tierschutz im allgemeinen einsetzen. Sich kümmern bedeutet Liebe. Liebe bedeutet sich kümmern. Eine wunderbare

Art, dem anderen seine Liebe zu zeigen, besteht darin, ihm/ihr das Gefühl zu geben, wichtig zu sein. Sein/ihr Selbstwertgefühl zu steigern. Denn das ist die Grundvoraussetzung jeglicher Freude. Und es ist auch der wichtigste Teil bei der Kindererziehung: Dem Kind das Gefühl zu geben, wichtig zu sein.

Hat ein Kind das Gefühl, seine Meinung zähle nicht, es sei lästig und wenig oder nichts wert – wie können wir dann von ihm erwarten, etwas aus seinem Leben zu machen, etwas auf die Beine zu stellen? Wie kann ein Kind Liebe geben, wenn es das Gefühl hat, selber keine Liebe zu verdienen?

Das schlimmste und schmerzhafteste an dem Gefühl, nicht geliebt zu werden, ist nicht die Abwesenheit von Liebe, sondern der Glaube, keine Liebe zu verdienen. Das tut verdammt weh. Der einzige Weg, sich selbst als liebenswerten (der Liebe werten) Menschen zu sehen, besteht darin, Liebe zu geben und sie erwidert zu finden. Und der erste Schritt dazu ist, sich um sich selbst zu kümmern. Lernen Sie, sich selbst zu lieben. Dazu müssen Sie zuerst einmal Ihren Körper in Form bringen, und das machen Sie am besten mit Hilfe des Energietranks und der Vitamine (Sie müssen zugeben, *ich bin hartnäckig*). Sobald Sie dann entspannt sind und Ihre Energie frei fließen kann (und nicht mehr in Form von Verkrampfungen in Ihren Muskeln festsitzt), werden Sie Ihre Emotionen besser im Griff haben und sich leichter tun, eine positive Lebenseinstellung zu gewinnen. Sie werden anfangen, sich selbst zu mögen, und das ist der erste Schritt in Richtung Liebe.

Kurz nachdem ich mein Manuskript bei meinem

Verleger eingereicht hatte, traf ich mich mit meinem guten Freund Kevin Sanders zum Essen. Kevin und ich hatten uns kennengelernt, als wir gemeinsam ›A. M. New York‹ moderierten, eine Show des Fernsehsenders ABC. Er ist ein wunderbarer Mann, lustig, warmherzig, liebenswert und ein bißchen verrückt. Richtig gut kennengelernt habe ich ihn, als wir anfingen, im Anschluß an die Show zusammen zu frühstücken und dabei über Gott und die Welt zu reden.

Kevin kam ein paar Minuten zu spät zu unserer Verabredung und sagte mir, er hätte gerade eine faszinierende Unterhaltung mit Warren Avis geführt. Er hätte versucht, mich anzurufen, um mich zu fragen, ob ich nicht dazustoßen wolle, aber ich wäre bereits aus dem Haus gewesen. Ich fragte, wer Warren Avis sei, und erhielt die Antwort, es handle sich um *den* Avis von der gleichnamigen Autovermietung, der darüber hinaus ein brillanter Rechercheur und Autor sei (in Deutsch liegt vor ›Mein Weg nach oben‹) und zwei Bücher über die emotionalen und kulturellen Veränderungen in unserer Gesellschaft veröffentlicht habe: *Shared Participation* (erschienen bei Doubleday) und *The Art of Sharing* (erschienen bei Simon & Schuster). Dann erzählte mir Kevin, daß Warren mit Hilfe eines Computers gründlichst recherchierte Forschungen darüber angestellt habe, was Liebe sei, und als Antwort ein einziges Wort gefunden habe. Da ich für mein neues Buch gerade ein ganzes Kapitel über Liebe geschrieben hatte, fragte ich gespannt, wie dieses Wort denn laute, und er sagte: »Sich kümmern.«

Ich traute meinen Ohren nicht, rannte heim, holte mein Manuskript und zeigte ihm den ersten Satz meines Kapitels über die Liebe – ›Liebe bedeutet sich kümmern‹. Dann erzählte ich Kevin, daß ich mich schon ewig mit der Liebe beschäftige, und zwar ohne das ganze subjektive, emotionale, romantische Gewäsch, das normalerweise damit in einen Topf geworfen wird, und daß ich endlich zu dem Schluß gekommen wäre, daß »sich kümmern« das rechte Wort dafür sei. Ich sagte ihm auch, daß ich Warren Avis unbedingt kennenlernen und herausfinden müsse, wie sein Computer zu demselben Ergebnis gekommen wäre. Mehrmals rief ich in Michigan an, wo Warrens American Behavioral Science Labs (Verhaltensforschungsinstitute) liegen, konnte ihn aber nicht erreichen. Man sagte mir, er sei auf Reisen und werde erst in einigen Tagen zurückerwartet.

Am nächsten Tag klingelte mein Telefon; es war Warren, der sich noch in New York aufhielt. Kevin hatte ihm von mir erzählt, und wir trafen uns noch am gleichen Nachmittag. Er berichtete mir von seinen Bemühungen um die kulturellen Veränderungen in unserer Gesellschaft: Wenn es uns gelänge, von Konflikten weg und hin zu Problemlösungen und einer echten Zusammenarbeit zu kommen, wären wir alle bestimmt sehr viel erfolgreicher und glücklicher – und davon würde die ganze Welt profitieren. Warren hat mich unheimlich beeindruckt; er ist unglaublich dynamisch. Da ich es kaum erwarten konnte, von dem Computer und seinen Nachforschungen über die Liebe zu hören, fragte ich ihn schlankweg, wie er überhaupt dazu gekommen sei, sich mit diesem Thema zu beschäftigen. Er antwortete mir, er halte die Lehre der westlichen Kirchen, daß wahre Liebe selbstlos sei, für unwahr und habe sich das Ziel gesetzt, diese These auch zu beweisen.

Zu diesem Zweck heuerte er katholische Priester und Pfarrer und Prediger verschiedener Kirchen an. Er arbeitete mit Baptisten-Seminaren zusammen – und man kann sagen, daß Warren dafür verantwortlich ist, daß die Baptisten ihre Doktrin von Selbstlosigkeit weg, hin zu Selbstbewußtsein veränderten. Aber wie auch immer – jedenfalls gewann er sehr viele Kirchenleute dafür, mit ihm gemeinsam an diesem Projekt zu arbeiten. Er sagte, sie hätten eine Wand von der Größe meiner ganzen Wohnung dazu benutzt, um alle philosophischen und psychologischen Thesen daran anzuschlagen. Die Recherchen dazu hätten mehrere Monate gedauert. Dann hätten sie alle Informationen maschinell eingegeben und von einem Computer auswerten lassen und die Antwort erhalten, die allerdings nicht, wie Kevin gesagt hatte, aus einem Wort bestand, sondern aus zweien. Liebe bedeute: ›Sich kümmern‹ und ›Erfüllung‹.

Ich brachte das Argument vor, daß sich wahre Erfüllung automatisch ergäbe, wenn man sich intensiv um jemand anderen kümmere. Mit anderen Worten: Wenn jemand zehn Waisenkinder adoptieren würde, wäre das keine ›selbstlose‹ Handlung, weil der oder die Betreffende nämlich Freude daran hätte und Befriedigung daraus ziehen würde – wäre das nicht der Fall, hätte er oder sie die Kinder nämlich gar nicht erst aufgenommen. Warren pflichtete mir bei und sagte, er habe Erfüllung deshalb mit aufgenommen, weil viele Menschen nicht wüßten, daß sich kümmern auch Erfüllung beinhalte. Dann fragte er mich, ob ich Geschwister hätte, und ich antwortete, eine Schwester und einen Bruder. Nun bat er mich, mir vorzustellen, mein Bruder sei am Ertrinken, und ich stände am Ufer und könnte nicht schwimmen. Wenn ich nun trotzdem ins Wasser springen und dabei selber ertrinken würde, hätten alle Leute gesagt, das wäre eine selbstlose Handlung gewesen, aber das stimmte überhaupt nicht. Wäre ich nicht gesprungen – wäre ich am Ufer stehengeblieben und hätte untätig zugesehen, wie er ertrank –, dann wäre ich nie mehr in der Lage gewesen, meinen Eltern oder Freunden unter die Augen zu treten und hätte mir auch nicht mehr selber ins Gesicht sehen können. Ich mußte einfach springen, auch wenn ich wußte, daß dies meinen sicheren Tod bedeutete. Ich hätte es um der Selbsterfüllung wegen getan, nicht aus Selbstlosigkeit.

Aber was heißt nun sich kümmern genau? Sich kümmern heißt, für jemand sorgen; es bedeutet, für die Menschen und Dinge in Ihrer Umgebung zu sorgen. Ihren Blumen Wasser zu geben ... den Geburtstag Ihres Mannes nicht zu vergessen ... die Schildkröte zu füttern ... Ihre Frau ganz fest in den Arm zu nehmen, wenn sie erfährt, daß ihre Mutter gestorben ist ... leise zu sein, um Ihre Mitbewohner nicht aufzuwecken ... Rücksicht zu nehmen. Für jemanden oder etwas zu sorgen, ist ein tolles Gefühl. Sich um jemand oder etwas zu sorgen, ist ein tolles Gefühl. Sich um jemand oder etwas zu kümmern, gibt unserem Leben einen Sinn. Aber auch wenn wir uns um uns selbst kümmern (für uns selber sorgen und auf uns achten), dann sind wir bessere Menschen, als wenn wir uns selbst schlecht behandeln oder uns vernachlässigen.

Und es ist nicht möglich, sich um Dinge und an

dere Menschen zu kümmern, wenn wir nicht bei uns selber anfangen. Wie können wir etwas geben, was wir selbst nicht besitzen? Wenn nichts da ist, haben wir auch nichts, was wir verschenken können. Das gleiche gilt für unseren Körper. Ist er verspannt und nervös (alles Negativa), wie sollen wir da Liebe ausstrahlen? Genauso wie es Überträger von Typhus und anderen Krankheiten gibt, so gibt es auch Überträger von Nervenzusammenbrüchen. Wie egoistisch von uns, unsere negativen Emotionen (Eifersucht, Haß, Angst etc.) an andere Menschen, Tiere und Dinge in unserer Umgebung weiterzugeben. Wenn Sie jemanden aufrichtig lieben, dann möchten Sie ihn oder sie glücklich machen. Und Glück besteht nun mal darin, Liebe zu schenken, und nicht darin, Angst oder Ärger oder Ihre eigene Unsicherheit weiterzugeben.

Jack Benny, der wohl beliebteste Komiker überhaupt, hat unheimlich viel von sich selbst hergegeben. Er war ein so durch und durch guter und lieber Mensch – seine Scherze gingen niemals auf Kosten anderer, er hat sich immer nur über sich selbst lustig gemacht. Das Geheimnis seines Humors bestand darin, immer mit dem Finger auf sich zu deuten – er sagte von sich selber, daß er ein Geizkragen und Egoist sei. Natürlich war er das genaue Gegenteil davon, und jeder, der ihn sah, liebte ihn. Man mußte ihn einfach lieben, weil er einen dazu brachte, sich viel, viel besser zu fühlen.

Niemand kann leben, ohne jemand oder etwas zu lieben, und je mehr Liebe wir zu verschenken haben, desto mehr Liebe werden wir zurückbekommen, und desto glücklicher und erfüllter wird unser Leben sein.

Dr. Hutschnecker sieht einen wesentlichen Unterschied zwischen Liebe und Verliebtheit:

Verliebt zu sein ist ein wundervoller Zustand der Berauschtheit, wie Champagner, der einem zu Kopf gestiegen ist. Es ist eine Gefühlsspitze, die leider nicht von Dauer sein kann. Liebe andererseits ist ein tiefes Gefühl, das aus einem Bedürfnis entspringt und zu einem Zustand engsterVerbundenheit heranreift; sie ist der Wunsch – das Bedürfnis –, sämtliche Gefühle und Erfahrungen mit einem anderen Wesen zu teilen. Liebe bedeutet sich kümmern und immer auf die Gefühle und Bedürfnisse des anderen Rücksicht zu nehmen. Bei der Liebe geht es nicht darum, aus einer Beziehung zu profitieren, sondern um den Wunsch, freudig und aus vollem Herzen zu geben, zu schenken.

Ginger Rogers glaubt, daß Gott die Liebe ist – und er ist ihre einzige große Liebe. Ginger ist eine sehr schöne Frau, die mindestens dreißig Jahre jünger aussieht, als sie ist. Aber das tollste ist ihre unglaubliche Vitalität. In einem Alter, in dem die meisten Leute anfangen, sich zur Ruhe zu setzen, trat sie zum erstenmal in ihrem Leben in einem Nachtclub auf, im Waldorf Astoria in New York. Sie singt, sie tanzt, und sie ist einfach umwerfend. Es hat mich sehr überrascht, als ich herausfand, daß Ginger eine richtiggehende Intellektuelle ist – sie denkt über alles nach. Sie sagt, daß die meisten Menschen nur einen Bruchteil ihrer geistigen Kapazität nutzen. Ihr ganzes Leben dreht sich um ihr Verhältnis zu Gott. Sie sagt, sie ziehe all ihre Energie und Kraft aus ihrem Verständnis und ihrer Liebe zu Gott, und als das Buch, das ihr Leben am nachhaltigsten verändert habe, nennt sie *Science and Health with a Key to the Scriptures* (›Wissenschaft und Gesundheit‹ liegt in Deutsch vor) von Mary Baker Eddy*.

Ginger glaubt, daß Gott und das Gute und die Liebe ein und dasselbe sind und daß sie dieser Einstellung ihre Vitalität und ihre Energie zu verdanken hat.

In dem Lied ›Look to Your Heart‹, das Sammy Cahn 1954 für die Produktion von Thornton Wilders *Our Town* (Unsere kleine Stadt) schrieb, heißt es: ›Speak your love to those who seek your love‹ (Offenbare deine Liebe denen, die deine Liebe zu erringen suchen). Aber vielleicht sollten wir unsere Liebe besser allen offenbaren, mit denen wir zusammentreffen – und wir werden sie tausendfach zurückerhalten.

Howard Cosell, der vielleicht bekannteste Sportreporter Amerikas, betrachtet seine über dreißig Jahre lang glückliche Ehe als seinen größten und entscheidenden Erfolg. Er ist überzeugt, daß die Liebe das wichtigste auf der Welt ist, obwohl, wie er sagt, es leider viele Menschen gebe, die Sex für wichtiger hielten. Er meint, man könne ein unbändiges Liebesleben führen, ohne dabei die Liebe kennengelernt zu haben. Für ihn gibt es Wichtigeres im Leben als Sex, und er denkt, daß Liebe Sex bei weitem übertrifft. Das wichtigste sei, daß die Menschen einander brauchen. Eine gute und glückliche Ehe hängt seiner Ansicht nach letztlich nicht vom Sex ab. Es sei jedoch erstaunlich, daß ein und dieselbe

* Mary Baker Eddy (1821–1910) ist die Gründerin der *Christian Science,* deren Mutterkirche in Boston steht

Frau so viele Jahre lang in ihn verliebt geblieben sei (das war natürlich als Witz gemeint, denn er ist mit Leib und Seele Ehemann).

Die umwerfende Mae West ist allerdings anderer Meinung als Howard. Sie findet Sex wunderbar; besonders toll sei er, wenn man frisch verliebt ist – dann könne er einen geradewegs in den Wahnsinn treiben.

Ich glaube, die Wahrheit liegt in der Mitte. Sex ohne Liebe ist nie so gut wie Sex mit Liebe, aber bei Liebe ohne Sex fehlt ein wichtiger Bestandteil. Näher als beim Sex können sich zwei Menschen körperlich nicht kommen, und wenn Sie sich darüber hinaus auch gefühlsmäßig nahestehen, bilden Sie ein unschlagbares Team. Aber es reicht nicht aus, jemanden einfach zu lieben – Sie müssen Ihre Liebe auch zum Ausdruck bringen, sie dem anderen zeigen und dafür sorgen, daß er oder sie das *Gefühl* hat, geliebt zu werden.

Ich habe meinen Lieblingsphilosophen Ralph Waldo Emerson bereits zitiert, aber er ist so fantastisch, daß ich Ihnen nicht vorenthalten möchte, was er über die Liebe geschrieben hat:

Die vertraute und zärtliche Beziehung zwischen zwei Menschen ist der größte Zauber des Lebens. Wie ein göttlicher Enthusiasmus packt er einen Menschen zu einer bestimmten Zeit und löst in seiner Psyche und seinem Körper eine wahre Revolution aus. Sie vereint ihn mit der ganzen Menschheit, bindet ihn an häusliche und bürgerliche Beziehungen, trägt ihn mit neuer Sympathie hinaus in die Natur, verstärkt seine Sinneskräfte, fördert seine Imaginationskraft, erweitert seinen

Charakter um einen heroischen und heiligen Zug, stiftet Ehen und verleiht der menschlichen Gesellschaft Dauer . . . er hat das Geheimnis des Lebens berührt und weiß, was dieser Satz über die Liebe bedeutet: ›Alle anderen Freuden sind nicht einmal ihre Schmerzen wert.‹

Das Vertrauen spielt in der Liebe eine sehr wichtige Rolle. In seinem Buch *How to Live with Another Person* schreibt der Arzt David Viscott: ›Vertrauen ist etwas, das zwei Menschen erschaffen, die füreinander sorgen, sich umeinander kümmern, und die an die Beziehung glauben, die sie miteinander haben.‹

Und Dr. Eugene Schiemann meint in *Sex Can Save Your Heart and Life*, daß die Liebe das grundlegendste und wichtigste Bedürfnis jedes Mannes und jeder Frau sei – vom ersten Atemzug bis zum letzten.

Ist die Existenz von Energie ohne Liebe überhaupt denkbar? Ich kann mir nicht vorstellen, daß ein Mensch ohne Liebe leben kann.

Dr. Mary Ann Bartusis, Mitglied des Committee on Women und der American Psychiatric Association, schreibt:

Liebe ist lebenswichtig – sie ist so wichtig, daß man ohne Liebe sterben kann. Es ist erwiesen, daß Kinder und Säuglinge manchmal sterben, wenn man ihnen alle Zuneigung vorenthält. Ein Erwachsener kann ohne Liebe so drepressiv werden, daß er oder sie Selbstmord begeht.

Wir sind Menschen, und wir brauchen Liebe, Zuneigung und Aufmerksamkeit. Wenn wir sie nicht bekommen, dann werden wir mißmutig, depressiv und körperlich krank. Vergessen Sie nie, daß Körper, Geist und Gefühlswelt zusammenhängen und von einander abhängen. Wenn ein Teil krank ist, wirkt sich das automatisch auf die anderen beiden aus. Ist Ihr Gefühlsleben traurig und leer – niemand kümmert sich um Sie, und Sie kümmern sich um niemand –, dann wird das Ihr ganzes Leben beeinflussen. Es wird sich entweder in Form von Verspannungen (festgefahrener Energie) oder in Form körperlicher Depressionen (keinerlei Energie mehr) äußern. Sind Sie verspannt, stehen Sie sich selber im Weg, und all Ihre Energie wird von den verspannten Muskeln absorbiert. Sind Sie depressiv, ist Ihnen völlig egal, was um Sie herum passiert, und Ihr Körper wird von einer Lethargie befallen, die Ihnen sämtliche Energiereserven raubt.

Fehlt Ihnen also die Liebe oder die Fürsorge anderer Menschen, und haben Sie niemand, um den Sie sich kümmern können, dann werden Sie auch keine Sehnsüchte, keine Begierde, keine Wünsche empfinden – Sie werden einfach zu gar nichts Lust haben. Und wer zu nichts Lust, wer keine Wünsche hat, der hat keine Antriebskraft und folglich auch keine Energie.

Wenn Sie jedoch lieben, sich um jemand oder etwas kümmern, für jemand oder etwas sorgen, dann wird das immer mit Wünschen einhergehen – dem Wunsch zu gefallen; dem Wunsch, etwas zu tun; dem Wunsch, für den Betreffenden zu sorgen – und diese Wünsche werden Ihnen unheimlichen Auftrieb geben. Versuchen Sie, sich daran zu erinnern, wie es war, als sie sich das letztemal verliebt haben. Oder, noch besser, verlieben Sie sich mal wieder (und ich wüßte nichts, was dagegen spräche, sich noch mal in den eigenen Mann / die eigene Frau zu verlieben). Dann werden Sie merken, was ich meine. Ihre Vorstellungskraft wird plötzlich Flügel bekommen, und Sie werden über so viel Energie verfügen, daß Sie Bäume ausreißen könnten und am liebsten die ganze Welt umarmen würden – aber ich würde doch vorschlagen, Sie fangen damit erst mal bei Ihrer bzw. Ihrem Liebsten an!

2. Kapitel
Nicht Nervenzusammenbruch –
Ego-Zusammenbruch

Alle Welt redet über Nervenzusammenbrüche, was ganz okay klingt, solange man es schnell und beiläufig genug ausspricht. Trotzdem impliziert dieses Wort, daß Ihr ganzes Nervensystem zusammenbricht und den Dienst quittiert. Und das trifft so natürlich nicht zu. Selbst im allerschlimmsten Fall, mitten im schlimmsten Trauma, wenn wir so down sind, daß es tiefer nicht mehr gehen kann, selbst dann funktioniert unser Nervensystem noch immer. Wir können noch immer herumlaufen. Wir können noch immer ein Glas Wasser trinken und intelligente Fragen beantworten. Kann sein, daß wir diese Dinge nicht mehr tun *wollen*, aber wir sind dazu in der Lage. Das Wollen ist der Schlüssel zu dem Ganzen.

Wenn etwas geschieht, das unser Selbstwertgefühl schwächt oder gar ins Bodenlose sinken läßt, dann hören wir auf, Dinge tun zu *wollen*. Nur ans Telefon zu gehen, zu essen oder irgend etwas zu tun, erscheint uns als lästige Pflicht und wird uns einfach zuviel. Und das hängt damit zusammen, daß wir glauben, nichts wert zu sein; wir fühlen uns so nichtig, daß wir auch nichts tun wollen.

»Sie hat aufgehört, mich zu lieben, also bin ich wohl keine Liebe wert. Also bin ich wohl ein widerlicher Typ, der es nicht wert ist, von jemand geliebt zu werden. Der es nicht verdient, daß sich jemand um ihn kümmert. Kein Mensch wird mich jemals wieder lieben, weil ich ein so furchtbarer Nichtsnutz bin.«

»Mein Boß hat mich gefeuert, obwohl ich mich wahnsinnig angestrengt habe, also bin ich wohl ein echter Versager. Ich meine, wenn ich zu irgendwas zu gebrauchen wäre, wenn ich irgendein Talent besäße, dann hätte er mich doch bestimmt nicht an die Luft gesetzt. Ich bin also offensichtlich vollkommen wert- und nutzlos. So behandelt man doch nur wert- und nutzlose Menschen.«

Nun ist es aber doch so, daß zahllose Menschen jeden Tag einen Ego-Dämpfer verpaßt kriegen, ohne daß sie deswegen gleich zusammenbrechen. Das hängt damit zusammen, daß die Menschen keineswegs alle gleich sind; genauso, wie es zahllose verschiedene chemische Zusammensetzungen (bei einer Grippeepidemie werden ja auch nicht ausnahmslos alle krank) und Milliarden unterschiedlicher Fingerabdrücke gibt, so ist auch das Ego jedes Menschen anders. Manche von uns haben ein starkes Ego und können daher Beleidigungen, Traumata und persönliche Angriffe leicht wegstecken; andere haben ein eher schwaches Ego, das schon beim geringsten Anlaß zu bröckeln anfängt. Als wir Kinder waren, haben unsere Eltern, Lehrer und Freunde die Struktur unseres Egos wesentlich mitgeprägt, und die meisten von uns belasten sich ihr ganzes Leben lang damit, diese Meinungen mit sich herumzuschleppen. Dabei ist es doch nur deren *Meinung*. Das schlimme ist, daß wir irgendwann anfangen, ihnen zu glauben, und daß ihre Meinung dann zu der Meinung wird, die wir selber über uns haben.

Vielleicht waren wir als Kinder besonders schüchtern, und unser Vater, der immer einen Footballer-Typ haben wollte, der später genauso wie er Kugellager herstellen würde (ein echter ›Männerberuf‹), hat unsere ruhige Art und künstlerische Ader total abgelehnt und uns deutlich spüren lassen, daß wir seiner Meinung nach keineswegs ganz okay sind.

Vielleicht waren wir in der Kindheit ein richtiger Wildfang, während unsere Mutter immer von einer ›kleinen Dame‹ geträumt hatte, die mit Hingabe Plätzchen backt und bügelt – und wir wollten nichts lieber als mit den Buben aus der Nachbarschaft Fußball spielen (und daß wir im Kicken besser waren als viele von den Buben, machte Mami dann noch trauriger). Wie auch immer, jedenfalls vermittelte Mami uns das Gefühl, keine richtige Frau zu sein (*richtige* Mädchen tun so was nun mal nicht), und deshalb wuchsen wir mit einem angekratzten und schwachen Ego auf.

Aber so, wie das damals nur die Meinung Ihrer Mutter war, ist es heute nur Ihre Meinung, und Meinungen lassen sich bekanntlich ändern. Barbara Walters, George McGovern und Barbra Streisand haben ihre Meinung über sich selbst geändert und damit gleichzeitig ihr Ego gestärkt. Sie können das ganz genauso tun. Und dann werden Sie nie mehr Angst vor einem Ego-Zusammenbruch haben müssen.

Alle drei oben Genannten, Barbara, George und Barbra, litten anfangs unter Selbstzweifeln, nahmen sich dann aber fest vor, das zu ändern, weil sie wußten, daß Selbstzweifel falsch und etwas furchtbar Destruktives sind. Barbara Walters benutzte ihre hervorragenden schulischen Leistungen als Ausflucht für ihre Einsamkeit, an der häufiger Schulwechsel schuld war. Bis zum fünfzehnten Lebensjahr mußte sie fünfmal die Schule wechseln, und da sie jedesmal keine einzige Seele kannte, wurden gute Noten so etwas wie ihr Ego-Puffer. Und als sie dann anfing zu schreiben und immer erfolgreicher wurde, wuchs ihr Selbstbewußtsein, das heißt, mit jedem Erfolg wurde ihr Ego stärker.

George McGovern beschäftigte sich schon während der Schulzeit mit Rhetorik und hat einen wunderbaren Weg gefunden, Offenheit und Ehrlichkeit mit einer Überzeugungskraft zu verbinden, die es ihm ermöglicht, seine Ideen wirkungsvoll rüberzubringen. Er macht den Eindruck eines sehr bescheidenen Mannes (kann ein Politiker bescheiden sein?), aber der politische Erfolg hat sein Ego unheimlich gestärkt – kein Vergleich mehr zu dem schüchternen Schuljungen, der er einmal war.

Barbra Streisand war als Kind ausgesprochen unsicher und litt unter einem schwachen Ego, hat es aber dank Entschlossenheit und unermüdlichen Fleißes geschafft, einen eigenen Gesangsstil zu entwickeln (sie sagt, sie hat dafür jahrelang vor dem Spiegel geübt). Heute gehört sie zu den wenigen echten Superstars, und ihr Ego ist mit ihr gewachsen.

Dr. Arnold Hutschnecker schreibt, es herrsche große Verwirrung darüber, was das Ego eigentlich sei:

Ein gesundes Ego zu besitzen bedeutet nicht, seinen Einfluß überall geltend zu machen. Psychoanalytisch gesehen, ist das Ego der Ausdruck des nach Selbsterfüllung strebenden Ich. Ein starkes Ego bildet die Grundvoraussetzung dafür, auch anderen Gutes tun zu können.

Die meisten Menschen schämen sich ihres Egos. Wenn wir an einem Spiegel vorbeikommen oder unser Spiegelbild in einem Schaufenster sehen, werfen wir einen heimlichen Blick hinein und fragen uns schuldbewußt, ob es vielleicht jemand bemerkt hat. Aber welchen Grund gibt es, frage ich Sie, sich dafür zu schämen, daß man gut aussehen will? Wir schleppen so viele Schuldgefühle mit uns herum, daß dieses Beispiel nur ein winziges Detail davon ist, aber ich finde, daß es den allgemeinen Zustand sehr schön veranschaulicht. Wer nicht stolz auf sein Aussehen ist und sich nicht über einen gepflegten Körper, eine gute Figur oder einen gelungenen neuen Haarschnitt freuen kann, der ist meiner Meinung nach einfach dumm, weil das nämlich unlogisch wäre.

Das ganze Elend fing, glaube ich, hier in Amerika mit den Pilgern an, die predigten, daß jede Art von Vergnügen Sünde sei und daß man sich um Himmels willen nur ja nicht hübsch machen dürfe. Ich genieße es, gutaussehende, gepflegte Menschen zu sehen, und es stößt mich ab, wenn ich einen fetten Bauch entdecke, der über die Hose hängt, oder wenn eine Tonne Oberarm aus einem ärmellosen Sommerkleid quillt. Das ist nicht nur häßlich und unansehnlich, sondern geradezu selbstzerstörerisch. Fünfzig überflüssige Pfunde mit sich herumzuschleppen, belastet den Körper ganz gewaltig und kann vor allem für das Herz zu einer echten Gefahr werden. Stellen Sie sich doch einfach einmal vor, wie es wäre, tagein, tagaus, jede Minute des Tages, einen fünfzig Pfund schweren Koffer mit sich herumzuschleppen. Ich bin recht groß und sehr gesund, und doch kann ich einen fünfzig Pfund schweren Koffer nur mit Mühe heben, geschweige denn, ihn den lieben langen Tag mit mir herumtragen. Trotz meiner ganzen Energie wäre ich sehr rasch vollkommen erschöpft. Ich meine, daß man alles mit Maß und Ziel tun sollte. Vielleicht steigen Sie gerne fünf Treppen hoch, aber zehnmal in der Stunde wollen Sie das ganz bestimmt nicht tun. Wenn Sie es tun müßten, dann freilich könnten Sie es auch, dann würden Sie die nötige Beinmuskulatur dazu entwickeln, und mit der Zeit fänden Sie es auch gar nicht mehr anstrengend, sondern ganz normal. Aber überflüssige Pfunde mit sich herumzuschleppen, finde ich einfach sinnlos, und für den oder die Betreffende/n ist es wirklich ungesund. Diese fünfzig Pfund beanspruchen und überfordern das Herz permanent – bis es eines schönes Tages dann den Dienst versagt.

Bevor ich mich mit Ernährungslehre beschäftigte und anfing, den Energietrank und die Vitamine zu nehmen, litt ich häufig unter Depressionen, die sich mit Angstzuständen abwechselten. Um etwas dagegen zu unternehmen, suchte ich einen Psychiater oder vielleicht auch einen Psychologen auf, das weiß ich nicht mehr so genau. Jedenfalls war er wirklich sehr, sehr nett, und ich ging mehrmals zu ihm hin. Ich glaube, es war bei meiner dritten Sitzung, daß er zu mir sagte, ich hätte das schwächste Ego, das ihm *jemals* begegnet sei (mein Bruder glaubt bis heute nicht an meine Wandlung und erzählt überall herum, was ich für ein schwaches, mickriges Ego hätte). Der Doktor meinte auch, mit allem, was mir gehöre – Jugend, eine Karriere als Schauspielerin, viele Freunde und Freundinnen, eine wunderschöne Wohnung in Beverly Hills (das war, bevor ich mich in New York verliebt habe) – hätte ich der Welt eigentlich lachend ins Auge blikken müssen. Aber das tat ich nicht. Ich brachte es einfach nicht fertig. Nun, ich mußte meinen eigenen Weg finden. Erst als ich alle ungesunden Nahrungsmittel, sämtlichen Zucker und die Zigaretten aus meinem Leben verbannt hatte, meinen Körper in Form gebracht hatte, alle Depressionen und Ängste losgeworden war, erst als meine Verspannungen in aktive Energie umgewandelt worden waren, erst da war ich in der Lage, das zu verstehen, was mir der Doktor gesagt hatte.

Um ein wirklich gesundes, starkes Ego zu entwikkeln, müssen Sie sich voll und ganz darauf konzentrieren, das zu erreichen, was Ihnen am allerwichtigsten erscheint – bis Sie ein gesundes Selbstwertgefühl aufgebaut haben. Als ich meine Verspannungen losgeworden war und ein echter Macher wurde, da wurde mein Ego stärker, weil ich endlich anfing, etwas zu tun, was ich für wichtig hielt. Und je mehr mir gelang, desto stärker wurde mein Selbstwertgefühl oder Ego.

Alle Leute, mit denen ich darüber gesprochen habe, stimmten mit mir darin überein, daß das Selbstwertgefühl mit zunehmendem Alter wachse. Ausnahmslos jeder meiner Interviewpartner sagte, daß sein Ego in dem gleichen Maße erstarkt sei, in dem er angefangen habe, eigene Erfolge zu verbuchen.

David Susskind erzählte mir, sein Ego sei jetzt unvergleichlich viel stärker als während seiner Kindheit. Schon in ganz jungen Jahren, als er noch ausgesprochen unsicher war, wurde ihm klar, wie sehr er Bestätigung brauchte, und so faßte er den Entschluß, sich durch schulische Leistungen hervorzutun, und das tat er denn auch. Er erhielt sogar Stipendien. Je älter er wurde, desto mehr Erfolg hatte er. Irgendwann war er dann anerkannt und hatte nicht länger das Gefühl, sich etwas beweisen zu müssen. Und aufgrund dessen wurde nicht nur sein Ego stärker, sondern er entwickelte auch mehr Toleranz seinen Mitmenschen – und sich selbst – gegenüber.

Arlene Dahl litt ihrer wunderschönen Mutter wegen an einem unheimlichen Minderwertigkeitskomplex. Sie lebte vollkommen abgekapselt, bis sie mit achtzehn die Wimperntusche entdeckte (sie schwört Stein und Bein, daß man vorher ihre Augen überhaupt nicht hätte sehen können; ihre Wimpern und Augenbrauen seien so farblos gewesen, daß sie sich wie ein elender Niemand gefühlt habe).

Jim Bouton war schon als Kind recht selbstsicher, weil seine Familie sein Selbstwertgefühl von Anfang an förderte. »Ich habe zu Hause sehr viel Liebe bekommen, und das hat mir die Gewissheit verschafft, ein wertvoller Mensch zu sein. Ich wurde immer viel gelobt. Trotzdem ist mein Ego heute stärker als früher, weil meine Erfolge jetzt greifbarer und natürlich auch bedeutender sind als damals.«

Virginia Grahams Jugend war mit einem schwach ausgeprägten Ego belastet. Erst mit achtunddreißig fand sie sich wirklich selbst. Die Arbeit beim Fernsehen war ausgesprochen gut für ihr Ego. Als ›Girl

Talk‹ erstmals über die Mattscheiben flimmerte, war sie recht zuversichtlich, weil sie Menschen und vor allem die Unterhaltung mit ihnen mag. Als die Talk-Show aber ein Riesenerfolg wurde und jahrelang lief (sie würde wahrscheinlich noch heute laufen, wäre es nicht zu Vertragsstreitigkeiten zwischen Virginia und dem Sender gekommen), hat das ihr Selbstwertgefühl unheimlich wachsen lassen. Wenn die Leute einen auf der Straße ansprechen, weil sie einen erkennen und auf Anhieb sympathisch finden – und das ist Virginia andauernd passiert –, dann muß sich das einfach positiv auf das Ego auswirken.

Jackie Mason meint, die meisten Entertainer hätten ein krankes, zuweilen auch krankhaft übersteigertes Ego. Da bin ich allerdings völlig anderer Ansicht. Natürlich trifft das auf einige Leute aus dem Showbusineß zu – aber doch wohl genauso auf viele Elektriker, Bestattungsunternehmer und Kosmetikerinnen. Nur weil ein Mensch das Bedürfnis hat, Liebe und Anerkennung in Form von Zuschauerapplaus zu suchen, heißt das doch noch lange nicht, daß er oder sie krank ist. Der Betreffende schadet damit nämlich weder sich noch anderen.

Der ausgesprochen produktive Texter und Komponist Sammy Cahn (er hat die Texte zu mehr als fünfzig Top-Songs geschrieben, von denen vier sogar einen Oscar gewannen: ›Three Coins in the Fountain‹, ›Call Me Irresponsible‹, ›High Hopes‹ und ›All the Way‹; nicht weniger großartig finde ich andere wie ›My Kind of Town‹, ›The Second Time Around‹, ›Be My Love‹, ›It's Magic‹, ›Bei mir bist du schön‹ etc., etc., etc.) verfügt über ein immenses Selbstwertgefühl, das durch seinen enormen Erfolg mit aufgebaut wurde. Als Kind hatte er kein besonders ausgeprägtes Selbstvertrauen, was vielleicht damit zusammenhing, daß er als einziger Junge neben vier Mädchen aufwuchs. Aber heute ist er überall beliebt, und alle Leute finden sein Ego ausgesprochen erfrischend. Er tut niemandem weh, sondern ist einfach ein sagenhaft unterhaltsamer Typ. Übrigens ist er der erste Songwriter in der Geschichte, der auf einen echten Ego-Trip ging; er trat am Broadway in einer Show – *Words and Music* – auf, die ganz allein auf ihn zugeschnitten war, und er hatte damit einen Bombenerfolg. Die Show lief mehrere Monate und ging dann nach London, wo sie ebenfalls ein durchschlagender Erfolg wurde. Sammy will immer im Mittelpunkt stehen, aber sein Ego ist nicht offensiv, weil er unheimlich amüsant und witzig ist.

Bobby Riggs besitzt ein großes Ego, das dank seiner Tenniserfolge aus einem eher zaghaften Selbstvertrauen heraus gewachsen ist und das von einem beachtlichen Sinn für Humor begleitet wird. Bevor Billie Jean King ihn auf dem Tenniscourt niedermachte, prahlte er lauthals herum, was er doch für ein Chauvinist sei und daß Billie Jean nicht die geringste Chance hätte. Er und das Tennismatch, bei dem viele Wetten verloren wurden, waren echt witzig.

Aber zurück zu den Show-biz Entertainern: Al Jolson machte sich mit seinem ›you ain't seen nuthin' yet‹ zum größten Entertainer der Welt und sprach von sich nur mehr in der dritten Person (»Jolie möchte jetzt einen kleinen Spaziergang machen«). Er besaß ein Ego, mit dem man zum Mars hätte fliegen können, aber die Leute liebten es und vergötterten ihn.

Und Ethel Mermans Großspurigkeit finde ich ganz gerechtfertigt – sie war nämlich wirklich fantastisch! Seien wir doch mal ehrlich: Wäre sie nicht überzeugt gewesen, die Beste zu sein, hätte sie dann den Mut gefunden, sich auf die Bühne zu stellen (ich sollte eigentlich sagen: die Bühne zu erobern, genau das hat sie nämlich getan) und sich so zu produzieren, wie sie es tat?

Monique Van Vooren, die hinreißende blonde Entertainerin aus Belgien – sie singt und tanzt und arbeitet auch als Schauspielerin – sagt, daß sie über ein ausgeprägtes Selbstwertgefühl verfügt. Sie findet es sogar *zu* ausgeprägt und führt das darauf zurück, daß ihre Familie sie als Kind nicht genug gefördert und unterstützt hat. Sie wollte immer jemand werden, und zusammen mit diesem Vorsatz ist ihr Ego gewachsen. Ihre Mutter wünschte sich eigentlich einen Jungen, und von ihrem Vater wurde sie gänzlich ignoriert. Wenn man diese wunderschöne Frau sieht, ist es kaum vorstellbar, daß sie eine schlimme Kindheit hinter sich hat, aber es hat Monique auch viel Mühe gekostet, darüber hinwegzukommen.

Buddy Rich galt lange Zeit als der größte Schlagzeuger der Welt; er hat seit seiner Kindheit daran gearbeitet. Angefangen hat er als Steptänzer, und er war einer der besten Kinderstar-Steptänzer des Varietés. Denn wechselte er vom Steppen zum Rappen, und der kleine Schlagzeuger eroberte unter dem Namen Baby Traps die Herzen der Zuschauer. Er sagt, er habe schon damals ein hypergesundes Ego gehabt, was aber ausschließlich seinem Talent zu verdanken sei. Natürlich wußte er, daß er ein hervorragender Schlagzeuger war, und er hat keine

Mühe gescheut, um unter den Besten zu bleiben, weil er nämlich das Gefühl hatte, ohne seine Schlagstöcke nur ein halber Mensch zu sein.

Howard Cosell sagt, sein Ego sei in mancher Hinsicht sehr stark – zum Beispiel, was seine Arbeit anginge. Dabei mußte er ganz bescheiden anfangen und verfügte aus verschiedenen Gründen zuerst nur über ein recht mickriges Selbstwertgefühl. Erstens hatten seine Eltern nie Geld (was ihn frühzeitig die Überzeugung gewinnen ließ, Geld sei sehr wichtig), und zweitens wuchs er als Jude zur Zeit des Dritten Reiches auf, was ihn psychisch außerordentlich belastete. Er beschloß also, seine Minderwertigkeitsgefühle durch gute Noten auszugleichen und zählte von da an immer zu den Besten seiner Klasse. Und je mehr Erfolge er aufweisen konnte, desto selbstbewußter wurde er. Er studierte Jura, fungierte als Herausgeber einer Fachzeitschrift und wurde schließlich Mitglied der Vereinigung hervorragender Akademiker Phi Beta Kappa. Dann arbeitete er einige Zeit als Rechtsanwalt, sattelte dann aber auf Sport und Kommunikation um. Er sagt, er hätte nie den Mut gefunden, den Beruf zu wechseln, hätte er nicht dank früherer Erfolge ein enormes Selbstvertrauen besessen.

Sheila MacRae ist stolz auf ihr gesundes und ausgeprägtes Ego, das Sie sich in jungen Jahren selbst erarbeitet hat. Ihre Eltern sowie ihre Lehrer haben ihre Unternehmungen immer gefördert, und das hat ihr ein starkes Selbstwertgefühl vermittelt.

Alexander Cohen sagt, sein Ruhm habe ihn selbst überrascht. Aber oft folgt die Ernüchterung auf dem Fuße, denn viele Leute, die ihm auf der Straße zuwinken, rufen »Hallo, Earl!«, was ihn dann rasch auf den Boden der Tatsachen zurückholt. Er sieht dem jüngst verstorbenen bekannten Kolumnisten Earl Wilson nämlich verblüffend ähnlich, und viele Leute verwechseln die beiden. (Earl war ein echtes Goldstück, einer der nettesten Menschen, die ich je kennengelernt habe, und ich wollte ihn immer fragen, ob er manchmal mit »Hallo, Alex!« angesprochen würde). Alex sagt, daß er schon mit vier Jahren gewußt hätte, daß er Theaterproduzent werden wollte, und schon damals sei er überzeugt gewesen, diesen Traum auch zu realisieren – genau genommen habe er an nichts anderes gedacht. Natürlich könnte es purer Zufall sein, aber Alexanders Vater starb, als er vier Jahre alt war, und seine Mutter war viel zu sehr mit sich selbst beschäftigt, um sich um ihren Sohn zu kümmern. Daher kam es wahrscheinlich, daß er sich so früh in die Traumwelt des Showbusineß flüchtete.

Henny Youngman berichtet, daß er als kleines Kind immer unterdrückt wurde, sich das aber nicht gefallen ließ. Er war schon als Junge ein kleiner Angeber und wollte immer Komiker werden. Sein Ego wuchs mit jedem Erfolg, den er damit einheimste. Er sagt, er sei seiner Zeit immer voraus gewesen und deshalb auch amerikaweit bekannt geworden – was sich dann natürlich wiederum vorteilhaft auf sein Ego ausgewirkt habe.

Hildegarde hat sehr hart an ihrer Begabung gearbeitet, aber damit auch ihr Ego gestärkt. Sie ist eine der diszipliniertesten und am härtesten arbeitenden Frauen im Showbusineß. Fast unentwegt probt sie, um ihren Auftritt noch weiter zu verbessern, und das gibt ihr auch den nötigen Glauben an sich selbst.

Walter Blum zählt zu den berühmtesten Jockeys

der ganzen Welt und war – hinter Willie Shoemaker, Johnny Longden, Eddie Arcaro, Steve Brooks und William Hartack – der sechste Amerikaner, der 4000 Siege einritt. Er ist sehr schüchtern und zurückhaltend und sagt, das einzige, was ihm Selbstvertrauen gebe, sei das Bewußtsein, ein hervorragender Jockey zu sein. 1969 wurde er zum Präsidenten der Jockey's Guild gewählt und hat dieses Amt sehr lange innegehabt. Sein größer Ego-Booster ist freilich, daß alle anderen Jockeys ihn mögen und ihn bewundern.

Als mein erstes Buch erschien und ich deshalb häufig im Fernsehen auftrat, wurde ich auch zu der ›Panorama‹-Show nach Washington D.C. eingeladen. Zu der einstündigen Show waren zwei Gäste geladen: Dr. Neil Solomon, Gesundheitsminister des Bundesstaates Maryland und Verfasser des Buches *The Truth about Weight Control*, und ich. Der Produzent der Talk-Show sagte mir, man erwarte ein größeres Hickhack zwischen uns beiden. Dr. Solomon sei ein bekannter Arzt, der nicht besonders viel von Vitaminen halte und sich bestimmt mit mir anlegen und ohne viel Rücksicht auf mich losgehen würde – aber ich sei ja bekanntlich eine Kämpfernatur, die für das, an das sie glaubt, auch mit Leib und Seele einträte, und außerdem wüßte ich ja wohl über Ernährungslehre Bescheid. Auf dem Hinflug zu der Talk-Show überflog ich das Buch des Arztes und merkte mir viel von dem, was er darin geschrieben hatte.

Nun ja, die Talk-Show begann, die Scheinwerfer leuchteten auf, und schon ging es los. Zu Anfang war Dr. Solomon wirklich garstig und widersprach einfach allem, was ich über Ernährungslehre sagte. Er machte sich ausgiebigst über meine mangelnde akademische Vorbildung auf dem Gebiet lustig und implizierte, daß ich schon allein deshalb keine Ahnung von Tuten und Blasen haben könne – nur und ausschließlich Doktoren wären schließlich in der Lage, über *irgend etwas* Bescheid zu wissen. Je aggressiver er sich gab, desto aufgekratzter wurde der Produzent. Beide glaubten, sie hätten mich jetzt so richtig schön in der Mangel. Aber ich hatte in der Frühe meinen Energy-Shake getrunken (warum hätte ich ihn auch ausgerechnet an diesem Tag weglassen sollen, wo ich ihn doch *tagtäglich* trinke) und fühlte mich eigentlich pudelwohl in meiner Haut. Ich wußte, daß sein Ärger völlig ungerechtfertigt war, und je mehr er sich aufregte, desto ruhiger blieb ich.

Ungefähr die erste halbe Stunde der Show versuchte er gnadenlos, mich niederzumachen, indem er darauf beharrte, daß er sämtliche Qualifikationen besäße, ich dagegen überhaupt keine. Ich wies darauf hin, daß Ärzte dazu ausgebildet würden, Kranke zu heilen, was die Gesund*erhaltung* anginge, aber in den meisten Fällen deutliche Wissenslücken aufwiesen. Die traurige Wahrheit sei doch, daß nicht einmal die Hälfte der medizinischen Fakultäten in den Vereinigten Staaten Kurse in Ernährungswissenschaften anbieten – wie könne man da von Ärzten fundierte Informationen über Vitamine und gesunde Ernährung verlangen? (Das war meine Reaktion auf seine Behauptung, niemand solle Vitamine einnehmen, ohne vorher seinen Arzt konsultiert zu haben.) Das gab seiner Selbstbeherrschung den Rest. Glücklicherweise wurde in diesem Augenblick eine Werbepause geschaltet, und während dieser Minuten versuchte ich ihm klarzumachen, daß es ihm nicht gelingen würde, mich in Rage zu bringen, und daß seine Verärgerung nur dazu führen würde, die Zuschauer auf meine Seite zu bringen – wäre ich nämlich wirklich ein so ahnungsloser Niemand, als der er mich hinzustellen versuchte, warum machte er sich dann überhaupt die Mühe, mit mir zu diskutieren und sich über mich zu ärgern?

Als wir nach dieser kurzen Pause wieder auf Sendung gingen, hatte sich seine Einstellung gänzlich geändert, und wir begannen eine vernünftige Diskussion über alles mögliche – vom Vitamin-A-Gehalt von Rinderleber bis hin zu Pantothensäure. Nach der Show bat er mich um Entschuldigung für sein bösartiges Benehmen während der ersten Hälfte der Talk-Runde. Ich fragte ihn, warum er so giftig reagiert habe, und er antwortete, er hätte mich zuerst für eine dumme Nuß gehalten – eine totale Angeberin –, die er vor der Kamera entlarven und deren Grenzen er aufzeigen wollte. Dann wollte ich wissen, was ihn dazu gebracht hätte, seine Einstellung zu ändern, und er sagte, daß ihm nach einer Weile klargeworden wäre, daß es mir ernst sei und daß ich von dem, was ich erzählte, wirklich überzeugt sei. Obwohl er nicht in allem mit mir übereinstimme, hätte er doch echten Respekt vor mir bekommen.

Wie Sie sich vorstellen können, fühlte ich mich danach immens viel besser, aber als mir zwei Tage später ein schrecklich offiziell aussehender Brief von der Regierung des Bundesstaates Maryland ins Haus flatterte – mit dem Amtssiegel des Gouverneurs und allem Drum und Dran –, wurde mir doch ein bißchen flau im Magen. Nun, ich machte den Umschlag auf, und es war ein Brief von Neil (wir hatten ausgemacht, uns mit Vornamen anzureden), der mich bat, als beratendes Mitglied bei einem Gesundheitsprogramm mitzuwirken, das vom Gesundheitsministerium von Maryland organisiert und vom Fernsehen übertragen wurde. Darüber hinaus arrangierte er es, daß ich zu mehreren Fernsehshows eingeladen wurde, in denen auch er auftrat. Inzwischen sind wir wirklich gute Freunde (und er hält jetzt auch eine ganze Menge von richtiger Ernährung und Vitaminen).

Nun hatte ich schon vorher das sichere Gefühl gehabt, mich in der Ernährungslehre auszukennen, aber dieses Erlebnis hat mein Selbstbewußtsein natürlich noch immens gesteigert. Nichts baut Ihr Ego mehr auf, als wenn andere Menschen Ihr bereits vorhandenes Selbstbewußtsein unterstützen und wissentlich fördern. Genau das ist es, was ein Entertainer von seinem Publikum erwartet – und genau das ist auch der Grund, warum wir alle, oder wenigstens die meisten von uns, danach streben, die Anerkennung anderer Menschen zu erhalten.

Störend ist ein ausgeprägtes Ego immer nur dann, wenn der dazugehörige Sinn für Humor fehlt. Und lächerlich wirkt es nur, wenn kein echtes Talent dahintersteht; andererseits kann selbst unter solch mißlichen Voraussetzungen ein öffentlicher Auftritt zum Erfolg werden – vorausgesetzt, Sie haben wahren Sinn für Humor!

Johnny Carson, den ich für einen der witzigsten Menschen überhaupt halte, bringt sein Ego dadurch zum Ausdruck, daß er eine Herausforderung annimmt, klarstellt, daß er sie meistern könnte, und sich dann aber nicht weiter damit abmüht. Er hat sich mit Bogenschießen, Golf, Astronomie und vielen anderen Themengebieten beschäftigt. Als Kind lernte er eine Menge schwieriger Zaubertricks und trat als ›The Great Carsoni‹ auf. Die Erfolge, die er damit erzielte, gaben seinem vorher eher schwächlichen Ego immensen Auftrieb; endlich hatte er den Eindruck, wichtig zu sein. Er hat sich selber bewiesen, daß es bislang nichts gibt, was er zwar tun möchte, aber nicht könnte, und das ist ein grandioses Gefühl!

Das Wort ›Ego‹ ist lateinisch und heißt ›Ich‹. Wenn Sie sich selbst beziehungsweise Ihr ›Ich‹ darstellen und ein Gedicht schreiben oder einen Film drehen oder einen Kuchen backen, dann ist das ein ganz normaler Ausdruck Ihres ›Ich‹. Tiere können das nicht. Tiere haben kein Ego, keine Vorstellung vom eigenen Ich – und Tiere können auch nichts erschaffen (außer anderen Tieren).

Jeder Mensch auf Gottes weiter Welt braucht Unterstützung, um ein gesundes Ego entwickeln zu können. Warum heiraten die Menschen oder leben zusammen? Man findet jemand, der einem das Gefühl gibt, der oder die Größte zu sein – der einen mehr liebt als alles andere auf der Welt und einem den Eindruck vermittelt, wirklich wichtig zu sein. Und diesen Menschen heiratet man dann, um ihn zu lieben und gleichzeitig jemand zu haben, der einen liebt und das eigene Selbstwertgefühl aufbaut.

Wir alle brauchen jemand, der uns das Gefühl gibt, wichtig zu sein; ganz auf uns allein gestellt, würden wir uns bedeutungslos, ja vielleicht sogar überflüssig vorkommen. Das fing schon bei der Geburt an, als wir glaubten, der Mittelpunkt im Leben unserer Eltern zu sein, und dann allmählich feststellen mußten, daß das keineswegs der Fall war. Zu erkennen, daß man ganz allein auf sich gestellt ist, ist schon ein harter Brocken. Jeder Mensch braucht das Gefühl, geliebt und gebraucht zu werden. Ausnahmslos jeder.

Thomas Edison, Abraham Lincoln, Maria Callas, Irving Berlin, Gloria Steinem, Jonas Salk, Christian Barnard, Peggy Lee, Earl Wilson, Steve Allen, Bella Abzug – sie alle waren getrieben von dem Gefühl, etwas erschaffen zu müssen. Menschen, die nicht kreativ sind, verspüren dagegen häufig das Verlangen nach Sex und Affären und vielen Ehen. Und Menschen mit einem unterdrückten, unterentwickelten Ego sind unglücklich und elend.

Wie trist und fade wäre das Leben, gäbe es das Selbstwertgefühl nicht. Wir hätten keine Bücher, keine Musik, keine Gebäude, keine Gemälde, keine Filme – wir hätten überhaupt nichts! Und das allerschlimmste daran wäre, daß wir auch zu überhaupt nichts Lust und an nichts Spaß hätten, weil uns nämlich nichts zur Verfügung stünde, womit wir – wenigstens ein klitzekleines bißchen – angeben könnten.

Haben Sie jedoch erst einmal etwas – irgend etwas – erreicht oder zustande gebracht, werden Sie anfangen, sich selbst zu respektieren, und dann werden auch andere Sie respektieren, und das ist der erste Schritt, sich selber zu mögen (siehe nächstes Kapitel). Das ist meiner Ansicht nach die Grundvoraussetzung jeglichen Glücksgefühls – die Basis, auf der jedes Glück und Vergnügen beruht.

3. Kapitel
Wie man lernt, sich selber zu lieben

Es gibt ein Prinzip – eine Philosophie, Einstellung oder wie immer Sie es nennen wollen –, das dafür sorgt, daß Ihr ganzes Leben in geregelten Bahnen verläuft. Es ist dafür verantwortlich, daß Sie Spaß und Freude am Leben haben, und es kann Ihnen dabei helfen, Ihre kühnsten Träume wahr werden zu lassen – Träume von Erfolg, Liebe, Gesundheit, einem großen Freundeskreis etc., etc., etc. Es ist das Gewaltigste, das Großartigste, was Sie erlernen können.

Sie müssen sich selber mögen. Nicht vor dem Spiegel stehen und sich selber anhimmeln. Nicht egoistischerweise immer nur an sich selbst denken. So etwas hat nichts damit zu tun, sich selbst zu mögen, sondern ist nur eine krankhafte Art und Weise, sich einzureden, daß die Abscheu, die man tief in seinem Inneren sich selbst gegenüber empfindet, nicht echt sein kann. »Ich hasse mich doch nicht . . . Schau doch nur her, wie gut ich aussehe in den super Klamotten, die ich mir gekauft habe . . . Ich kann mich doch gar nicht hassen . . .«

Sie müssen sich selber mögen. Damit meine ich, sich um sich selbst kümmern, für sich sorgen, ein echtes, tiefes Selbstwertgefühl empfinden, und Sie dürfen kein schlechtes Gewissen dabei haben, wenn Ihnen das Beste für sich gerade gut genug ist. Dann, und nur dann können Sie auch anfangen, andere Menschen zu mögen. Sich selbst zu mögen, ist der

Anfang zu allem. Nun sagen Sie vielleicht: »Was redet die da für einen Unsinn – natürlich mag ich mich.« Aber tun Sie das denn wirklich? Neigen Sie nicht doch manchmal dazu, sich selber zu bezichtigen, beispielsweise ein miserables Gedächtnis zu haben (»Ich kann mir einfach nichts merken«), zuweilen vom Pech verfolgt zu sein (»Bei mir geht aber auch alles schief«) und so weiter und so fort? Alles Sachen, mit denen Sie sich selber herabsetzen. Klar ist es schwer, sich alles zu merken, aber das Gedächtnis ist wie ein Muskel, der trainiert werden kann; je mehr Sie es fordern, desto besser funktioniert es.

Schauspieler haben ein gutes Gedächtnis, weil sie sehr viele Rollen auswendig lernern müssen. Sie ärgern sich bestimmt nicht über sich selbst, weil Sie ein miserabler Fußballer wären oder die von Ihnen geschmetterten Opernarien höchstens für die Dusche taugen würden – sofern Sie nie Fußball spielen und keine Bühnenambitionen haben –, und es würde Ihnen wohl kaum einfallen, sich mit Pele oder Maria Callas zu vergleichen. Wenn Sie also meinen, Ihr Gedächtnis müsse gestärkt werden, dann stärken Sie es. Und sofern Sie sich selber wirklich mögen, wird es Ihnen auch gelingen. Sollten Sie sich aber nicht mögen, werden Sie Ihr restliches Leben darüber lamentieren, daß Sie sich einfach nichts merken können.

Was ich sagen will ist: Gönnen Sie sich selber eine Pause. Setzen Sie sich nicht selber herab. Wenn es etwas gibt, das Sie an sich verbessern können – und wer könnte das nicht? –, dann tun Sie es. Fangen Sie am besten sofort damit an.

Die meisten von uns sind von Kindheit an darauf

programmiert, an sich selbst zu zweifeln. Es ist wirklich ein Jammer, daß viele Eltern gar nicht wissen, wie sehr ihre Handlungen und Reaktionen die Zukunft ihres Kindes beeinflussen. Spürt das Kind zum Beispiel, daß Mami oder Papi kein Vertrauen in sich selbst oder in das Kind hat, dann wird es auch kein Selbstvertrauen entwickeln. Wir werden dadurch verkorkst, daß wir als Kinder von lauter verkorksten Menschen umgeben sind.

Unsere Mitmenschen beurteilen uns immer so, wie wir uns selbst einschätzen. Wenn Sie sich selbst mögen und glauben, ein wunderbarer Mensch zu sein, dann werden auch die meisten Leute in Ihrer Umgebung Sie für genau das halten.

Mögen Sie sich selber nicht so besonders, ist das aber noch lange kein Grund zum Verzweifeln. Es gibt nämlich eine absolut idiotensichere Methode, das zu ändern. Und sie funktioniert hundertprozentig. Nehmen wir einmal an, Sie haben sich noch nie für jemand ganz Besonderen gehalten. Sie wissen zwar, wie wichtig Selbstvertrauen ist und welche Rolle ein gesundes Selbstwertgefühl spielt, und Sie haben auch versucht, sich einzureden, daß Sie ja gar kein übler Kerl sind, sondern ein wirklich netter Mensch – kein Supertyp, aber wirklich nett halt. Sie haben versucht, sich das einzureden, aber Sie haben es nicht geschafft. Irgendwie wollen oder können Sie sich das nicht abkaufen. Sie halten sich also nach wie vor für minderwertig. Wie überzeugen Sie sich nun, daß Sie doch etwas wert sind? Es gibt etwas, das Sie tun können, um sich dazu zu bringen, sich selber zu mögen. Es ist eine ganz einfache Übung, aber sie funktioniert *garantiert*.

Bevor ich sie Ihnen verrate, möchte ich Ihnen aber

noch von einer Erfahrung erzählen, die ich gemacht habe, als ich anfing, als Schauspielerin zu arbeiten. Ich hatte gerade Stanislawsiks *An Actor Prepares* gelesen, ein fabelhaftes Buch, in dem genau beschrieben ist, wie man sich als Schauspieler auf eine Rolle vorbereitet. Es enthält eine Menge Beispiele, was Schauspieler tun sollten, um sich seelisch auf eine bestimmte Rolle einzustellen. Dann nahm ich an einigen Schauspielkursen mit Clint Eastwood, Carolyn Jones, Richard Boone, James Whitmore und anderen guten Schauspielern teil, und einer der Lehrer, ein bekannter Broadway- und Filmschauspieler, zeigte den Teilnehmern, wie man sich darauf vorbereitete, einen Baum oder ein anderes Objekt darzustellen. Das ist eine rein mentale und emotionale Angelegenheit. »Denken Sie sich in einen Baum hinein, und Sie werden ein Baum werden«, sagte er immer wieder. Nun, ich dachte und dachte und fühlte und fühlte, aber ich wurde einfach nicht zum Baum. Das heißt, ein kleines bißchen vielleicht schon. Meine Arme fühlten sich ein *kleines* bißchen an wie ein Baum, und sie bewegten sich auch ein wenig wie Äste im Wind. Aber ich war weit davon entfernt, ein Baum zu *sein*. Irgend etwas Wesentliches fehlte.

Dann hatte ich das Gefühl, daß mir jemand Michael Chekhovs Buch *To the Actor* in die Hand drückte. Chekhov vertrat einen völlig anderen Standpunkt: Sein Ansatz war genau umgekehrt: Man solle nicht von innen her anfangen und die Gedanken nach außen dringen lassen, sondern vielmehr außen, also mit dem Körper, beginnen, und alles andere eindringen lassen. Er führt aus, daß Wärme und Liebe etwas Offenes, Furcht und Haß dagegen etwas Verschlossenes sind und nennt körperliche Übungen, die einem helfen, sich zu öffnen – mit weit ausgebreiteten Armen und gespreizten Beinen dastehen –, und andere, die einen abschotten – mit angezogenen Knien in einer halbembryonalen Haltung dasitzen. Es gab noch viele andere Übungen, und sie alle haben funktioniert. Wenn ich mir nun vorstellen sollte, ein Baum zu sein, dann machte ich zuerst einmal seine Öffnungsübung und fühlte mich danach wirklich wie ein Baum, der allen Elementen gegenüber offen steht. Und wenn ich mir vorstellen sollte, ein Felsblock zu sein, dann machte ich seine Abschottungsübung und fühlte mich danach genauso verschlossen wie ein Stein. Als ich dann ein etwas verrücktes, warmherziges, witziges Mädchen spielen mußte, war mir das Gefühl der Offenheit und Aufgeschlossenheit nicht mehr fremd. Und als ich die Rollen einer zynischen, ängstlichen, verbitterten Frau übernahm, war mir klar, wie man sich vor seiner Umwelt verschließt.

Ich entschloß mich, auch die anderen Übungen auszuprobieren, weil ich wissen wollte, ob sie wirklich funktionieren, oder ob es bloße Einbildung gewesen war. Nachdem ich also ungefähr eine Woche lang täglich geübt hatte, bat ich einen Freund von mir, sich auf mein Sofa zu setzen, während ich mit dem Rücken zu ihm stand. Ohne einen Muskel zu bewegen, machte ich mental und emotional die Öffnungs- und Abschottungsübung, und er ›spürte‹ es wirklich jedesmal, erriet es fünfundzwanzigmal von fünfundzwanzigmal, und das ist, finde ich, Beweis genug. Bis zu diesem Zeitpunkt hatte ich immer geglaubt, daß *alles* psychisch bedingt sei. War ich verärgert oder bedrückt, dachte ich, es wäre möglich, sich dazu zu zwingen, dieses Gefühl loszuwerden – das war, bevor ich meinen Energietrank entdeckte! Mit Hilfe von Chekhovs Übungen wurde mir klar, daß die Psyche keinerlei Einfluß auf den Körper haben kann, wenn dieser mies beisammen und völlig außer Form, also in einem bemitleidenswerten Zustand ist. Aber wie kann ein Körper in Topform sein, wenn die Psyche ihn vernachlässigt, ihn nicht genug mag, um sich um ihn zu kümmern?

Nun gibt es, wie schon gesagt, etwas, das Sie tun können, um sich selber zu mögen. Sie können es nicht mit dem Willen allein erzwingen. Sie können nicht einfach sagen: »Ich fange jetzt an, mich selber zu mögen«, weil das nämlich nicht funktioniert. Sie müssen schon etwas *tun*, was Ihnen klarmacht, daß es nur logisch ist, sich selbst zu mögen. Und alles in diesem Buch ist auf Logik aufgebaut, weil *ich* ein logisch denkender Mensch bin. Sie müssen also etwas tun, das dafür sorgt, daß Ihr Ego von sich aus sagt: »He, ich bin ein ganz schön toller Kerl – schaut nur, was ich alles zustande gebracht habe!« Sie können mit etwas ganz Kleinem anfangen, sagen wir dem Vorsatz, die drei Treppen zu Ihrer Wohnung in Zukunft zu Fuß hinaufzugehen, anstatt den Lift zu benutzen. Das klingt einfach, und es ist auch einfach. Die Sache hat nur einen Haken: Wenn Sie sich etwas fest vorgenommen haben, dann müssen Sie diesem Vorsatz auch treu bleiben. Sonst werden Sie sich selber dafür hassen. Und deshalb sollten Sie unbedingt mit etwas relativ Einfachem anfangen, das sich auch relativ leicht durchhalten läßt. Wie zum Beispiel: »Vor zehn Uhr vormittags rauche ich keine Zigarette.«

Natürlich ist es eine hervorragende Idee, sich etwas als Ziel zu setzen, das gut für Ihre Gesundheit (Treppensteigen, das Rauchen aufzuhören oder den Nikotinkonsum zumindest einzuschränken) oder Ihnen sonst zuträglich ist. Wie wäre es aber, wenn Sie den Vorsatz realisieren würden, endlich Gitarrespielen zu lernen und wirklich jeden Tag zehn Minuten dafür zu üben. Oder Sie nehmen sich vor, jeden Morgen ein Glas von meinem Energietrank zu trinken. Setzen Sie sich ein zeitliches Limit – Sie können den Zeitraum ja jederzeit beliebig verlängern. Es wäre unsinnig, sich für den Rest seines Lebens festzulegen, und damit würden Sie sich auch von Anfang an überfordern. Aber eine Woche oder zwei, vielleicht auch drei Wochen sind ideal. Vielleicht versuchen Sie, eine Woche lang nur einen Martini vor dem Essen zu trinken anstelle der zwei, die sie sich in den letzten Jahren angewöhnt haben. Es ist schließlich nur für eine Woche, und Sie können sich jetzt noch gar nicht vorstellen, was für ein Erfolgserlebnis, was für ein super Gefühl es sein wird zu wissen, daß Sie sich wirklich auf sich verlassen und an einem einmal gefaßten Vorsatz auch tatsächlich festhalten können.

Marlene Dietrich besaß eine unheimliche Selbstdisziplin. Einmal zwang sie sich dazu, bei eisiger Kälte ohne Mantel rauszugehen, nur um sich selber zu beweisen, daß sie dazu in der Lage wäre. Ihre mentale Disziplin war einfach phänomenal, und das brachte sie auch ganz nach oben. Nun sollten Sie Ihre Anforderungen an sich selbst von Mal zu Mal steigern. Machen Sie doch ein Spiel daraus, und denken Sie sich Dinge aus, die Sie sich selber abverlangen könnten. Es macht Spaß, sich Kleinigkeiten einfallen zu lassen und die dann in die Tat umzusetzen – Sie werden sich wundern, wie toll Sie sich anschließend fühlen.

Aber denken Sie daran: Haben Sie einen Vorsatz erst einmal gefaßt, *müssen* Sie auch daran festhalten und das Vorhaben durchziehen. Tun Sie das nämlich nicht, wird genau das Gegenteil passieren, und Sie werden sich selber dafür *hassen*, vorzeitig aufgegeben, ja versagt zu haben. Mit ein klein wenig Selbstdisziplin und Entschlossenheit können Sie schon eine ganze Menge erreichen.

Nachdem Sie so nun etwas für sich selbst getan haben, können Sie langsam damit beginnen, auch anderen kleine Gefälligkeiten zu erweisen. Haben Sie sich selbst eine Aufgabe gestellt und diese erledigt, fühlen Sie sich großartig. Sie müssen sich ja nicht gleich vornehmen, die Welt zu verbessern. Fangen Sie lieber mit etwas Kleinerem an, von dem Sie glauben, daß Sie anderen damit etwas Gutes tun oder jemand eine Freude machen. Wie wäre es damit, die Schwingtüre aufzuhalten, durch die Sie gerade gegangen sind, so daß sie beim Zufallen der Person hinter Ihnen nicht direkt ins Gesicht knallt? Oder was halten Sie davon, im Bus oder in der U-Bahn aufzustehen und einem alten Muttchen Ihren Platz anzubieten? Einfach nur so, aus Menschenfreundlichkeit. Oder jemandem, den Sie mögen, ohne besonderen Anlaß eine nette Karte zu schicken? Sie können auch Ihrem Kollegen oder Ihrer Kollegin sagen, wie gut er oder sie heute aussieht – was für eine schicke Krawatte, was für eine tolle neue Frisur. Lauter Kleinigkeiten, die dem anderen das Gefühl geben, wichtig zu sein. Binnen kürzester Zeit werden Sie merken, was für ein fabelhafter Mensch Sie selber sind, weil Sie anderen soviel Freude bereiten.

Selbst wenn jemand ekelhaft zu Ihnen ist, versuchen Sie sich vorzustellen, daß der oder die Betreffende gerade etwas Schlimmes durchmacht. Vielleicht leidet seine Mutter an Krebs im Endstadium ... vielleicht hat sie gerade erfahren, daß sie keine Kinder bekommen kann ... vielleicht hat man ihm gerade gekündigt, und er weiß nicht, wie er die Raten für sein Haus zahlen soll ... vielleicht hat er gerade herausgefunden, daß seine Frau mit einem anderen Mann durchgegangen ist ... vielleicht hat sie gerade erfahren, daß ihr Mann sich in einen anderen Mann verliebt hat.

Wir alle neigen dazu, unsere eigenen Probleme für die schlimmsten überhaupt zu halten und zu glauben, daß der Rest der Welt so gut wie keine hätte. Aber das stimmt natürlich nicht. Jeder Mensch hat Probleme – und weiß Gott was für welche! Nun gibt es Leute, die gelernt haben, ihre Probleme nicht so wichtig zu nehmen, aber haben tun sie sie trotzdem. Niemand ist völlig frei von Sorgen. Ist Ihnen das erst einmal klargeworden, werden Sie mehr Verständnis dafür aufbringen, daß andere Menschen zuweilen unfreundlich oder sogar unverschämt sind. Höchstwahrscheinlich sind Sie mit vielem, was andere tun, nicht einverstanden, aber es wird Ihre Wut sicherlich dämpfen, wenn Sie sich vorstellen, daß der Mensch, der Sie gerade angebrüllt hat, möglicherweise momentan eine echte Tragödie durchmacht. Ein zufriedener Mensch mit gesundem Selbstwertgefühl hat es nicht nötig, andere anzuschreien. Es ist sogar so, daß wer sich selbst mag, automatisch auch andere Menschen mag; wer sich dagegen selber nicht ausstehen kann, wird niemand anderen wirklich mögen – *kann* gar niemand anderen wirklich mögen!

Das allerwichtigste im Leben ist das Gefühl, wichtig zu sein und gebraucht zu werden. Wie wichtig sind wir? Welchen Wert haben wir für uns selbst und für andere? Wenn wir es schaffen, uns wertvoll zu fühlen, dann werden wir auch Glück empfinden können. Und wenn wir anderen das Gefühl vermitteln, wichtig zu sein, dann können wir sie – und auch uns selbst – glücklich machen. Nehmen Sie zum Beispiel einen unangenehmen, mürrischen Menschen. Sie können nett zu ihm sein und ihn anlächeln – nichts. Keine Reaktion. Sie können »guten Morgen« sagen – und ernten eisiges Schweigen. Geben Sie ihm aber das Gefühl, wichtig zu sein, dann wird er sich freuen – und sei es nur für einen kurzen Augenblick. Wir leben nun mal hier auf dieser Welt, auch wenn wir uns manchmal selber fragen, warum. Wie können wir glücklich sein, wenn wir glauben, es sei umsonst? Haben wir jedoch das Gefühl, dies alles habe einen Sinn – und zwar ganz gleich was für einen –, dann lohnt sich unser Hiersein auf einmal. Und deshalb ist es nur logisch, etwas zu tun, was uns dieses Gefühl vermittelt.

Was Sie tun, spielt dabei nur eine untergeordnete Rolle. Sie können den Sinn darin sehen, Uran zu finden, Kranke zu pflegen, Kanzler zu werden . . . was immer Sie für sinnvoll erachten, wird Ihrem Leben Sinn geben.

Als Tony Curtis noch Bernie Schwartz hieß, hing er häufig bei *Dardi's* in New York rum und fand sich selber nicht besonders aufregend. Er fühlte sich als Kellerkind aus der Bronx, und wenn Sie einen seiner frühen Filme sehen, werden Sie merken, daß er sich schwer tat, dieses Image loszuwerden. Als das Studio seinen Namen in Jimmy Curtis änderte, fühlte er sich schon etwas besser, und als er daraus Tony Curtis machte, gab das seinem Selbstwertgefühl einen unheimlichen Aufschwung. Was ich damit sagen will: Tony Curtis steht für Klasse, Bernie Schwartz dagegen . . . o je! Wenn es also etwas gibt, was Sie an sich nicht mögen, ändern Sie es!

Die meisten Leute mögen sich nur deshalb nicht, weil sie sich gar nicht richtig kennen. Sie wissen gar nicht, wie fabelhaft sie sein könnten – daß sie sich auf sich selber mehr verlassen können als auf irgend jemand sonst auf der Welt. Schließlich sind Sie der einzige Mensch, den Sie wirklich total in der Hand haben. Sie können Ihr Ehegespons, Ihre Kinder oder Freunde nicht wirklich kontrollieren, aber Sie haben die Möglichkeit, sich selbst zu kontrollieren. Sie können sich selber alles mögliche abverlangen. Geben Sie sich nur einfach den Befehl dazu, und halten Sie durch. Was glauben Sie, was Sie damit alles erreichen!

Lucille Ball, dieser unheimlich vitale Rotschopf, hat auf die Frage, was sie für die Ursache ihres großartigen Erfolges halte, einmal geantwortet: »Ganz einfach – ich mag mich.« Und das ist dieselbe Lucille Ball, deren High-School-Lehrer gesagt hatte, sie wäre ›zu schüchtern und zu zurückhaltend‹, um Schauspielerin zu werden. Später verließ sie John Murray Andersons Schauspielschule in New York, weil man ihr dort nahegebracht hatte, sie solle ihr Glück doch lieber in einem anderen Beruf – irgendeinem anderen Beruf – versuchen. Dann bekam sie Lungenentzündung mit so viel Komplikationen, daß sie drei Jahre lang gar nichts tun konnte. Neben diesen körperlichen Beschwerden durchlitt sie während ihrer Ehe mit Desi Arnaz auch eine Menge seelischer Qualen. Lucille hat es sehr viel Mühe und Selbstdisziplin gekostet, sich selber mögen zu lernen, aber es hat sich doch weiß Gott gelohnt!

Lucille Ball hat sich selber Ziele gesteckt und diese dann auch eisern verfolgt. Daß sie ›zu schüchtern und zu zurückhaltend‹ sei, um Schauspielerin zu werden – das war die Meinung anderer, nicht ihre eigene. Sie zwang sich dazu, vor Publikum aufzutreten, um ihre Schüchternheit zu überwinden. Man hatte ihr geraten, sich einen anderen Beruf zu suchen – nun gut, aber sie hatte sich nun mal in den Kopf gesetzt, Schauspielerin zu werden, und es war ihr egal, ob sie einen Schauspielkurs bestand oder nicht; sie würde trotzdem Schauspielerin werden. Sie setzte sich selber Ziele und scheute dann keine Mühe, diese auch zu erreichen.

Und das können wir alle; das können auch Sie. Es ist gar nicht schwer, wenn man mit etwas Einfachem anfängt und sich dann langsam zu Schwierigerem steigert. Und ganz egal, wer oder was wir sind: Haben wir etwas erreicht, was wir uns vorgenommen hatten, dann müssen wir einfach stolz auf uns sein. Anders geht es gar nicht. Das ist einfach ein Naturgesetz. Es funktioniert immer. Ausnahmslos.

Jetzt habe ich Ihnen alle Pluspunkte aufgezählt, in deren Genuß Sie automatisch kommen, sobald Sie angefangen haben, sich selbst zu mögen. Was aber passiert, wenn man sich nicht mag? Eines ganz bestimmt: Sie werden sich über andere Menschen ärgern, weil Sie nicht wirklich selbständig sind. Sie werden auf andere Menschen angewiesen sein, und wir alle wissen, wie wenig man sich auf die meisten anderen Menschen verlassen kann. Und Sie werden unter Eifersucht leiden – o ja. Wenn Sie sich selbst nicht mögen und alle anderen Leute für besser als sich selbst halten, werden Sie sie um ihr Aussehen, ihren Charakter, ihren Sex-Appeal oder ihre Erfolge beneiden. Wer sich selbst nicht mag, neigt zu der Annahme, auch von den meisten anderen Leuten nicht gemocht zu werden – wenn ich mich nicht mag, warum sollte dann jemand anderer mich mögen? –, und wird bewußt oder unbewußt häufig mißmutig und egoistisch handeln. Unsicherheit ist ein Zeichen von Minderwertigkeitsgefühlen und dem Irrglauben, daß alle anderen Ihnen überlegen sind.

Sie werden nicht viel Selbstvertrauen besitzen, und Sie werden sich vor vielen Dingen fürchten. Genaugenommen basieren nämlich alle negativen Emotionen auf Angst oder Furcht. Haben Sie eine Ahnung, wieviel Energie Angst und Furcht kosten? Von Ärger, Eifersucht und all den anderen Negativismen, die sich in Ihnen breitmachen, gar nicht zu reden. Und schließlich dreht sich in diesem Buch ja alles um Energie.

Ich habe viele Leute gefragt, ob sie sich selber mögen, was sie an sich selbst am meisten schätzen und was am wenigsten. Und ich habe viele interessante Antworten erhalten.

Virginia Graham ist besonders stolz darauf, daß sie sich nie selbst belügt. Sie sagt, sie halte oft Selbstgespräche, was ich übrigens auch tue. Außerdem mag sie ihren Sinn für Humor und die Fähigkeit, über fast alles zu lachen; das gibt ihr die Kraft, vieles zu ertragen. Die zahlreichen Schmerzen, die sie in früheren Jahren erleiden mußte, haben ihr zu einer immensen inneren Stärke verholfen. Virginia erkrankte mit dreißig an Krebs, den die Ärzte für unheilbar hielten, aber ihr Glaube hat ihr die Kraft gegeben, die Operation durchzustehen und eine völlige Heilung zu erreichen. Sie hat viel mitgemacht in ihrem Leben, aber ihr unglaublicher Sinn für Humor – sie ist einer der lustigsten und fröhlichsten Menschen, die ich kenne – hat ihr eine unheimliche Zuversicht gegeben, und sie hat tatsächlich alle Probleme in den Griff gekriegt. Das einzige, was Virginia an sich nicht mag, ist, daß sie häufig an Vorurteilen festhält. Auch kann sie absolute Stille schlecht vertragen, weshalb bei ihr dauernd das Radio läuft. Aber das findet sie nicht so schlimm wie die Sache mit den Vorurteilen, weil sie nämlich weiß, daß es Angst ist, die sie davon abhält, ein einmal gefälltes Urteil zu revidieren, während das mit dem Radio nur ein Zeichen von Einsamkeit ist.

Howard Cosell schätzt am meisten seine Zivilcourage, die Tatsache, daß er sich ohne Wenn und Aber für etwas einsetzen kann. Wenn er von etwas überzeugt ist, steht er voll und ganz dahinter.

Sammy Cahns Stärke liegt seinen eigenen Worten nach darin, daß er sich selber gegenüber vollkommen ehrlich ist. Er kennt seine Schwachpunkte, gesteht sich sämtliche Fehler ein und bemüht sich ehrlich, etwas dagegen zu unternehmen. Was er an sich nicht mag, ist seine Gerissenheit.

Sheila MacRae sagt, sie komme wunderbar mit allen Menschen aus – das kann ich nur bestätigen –, und sie versuche, jedermann zu verstehen. Sie urteilt nie über andere. Das ist ein ganz wichtiger Teil der persönlichen Freiheit. Der Spruch ›Richte nicht, auf daß du nicht selbst gerichtet werdest‹ sagt uns, daß wir, wenn wir über andere urteilen, auch über uns selbst urteilen, und das wiederum führt dazu, daß wir uns selber gegenüber überkritisch werden und an uns selbst zu zweifeln beginnen – was uns dann seinerseits daran hindert, die Dinge furchtlos anzugehen.

Dr. Joyce Brothers findet es gut, daß sie endlich soweit ist, das zu tun, was sie selber richtig findet, anstatt auf die Meinung anderer zu hören. Sie sagt, das habe mit seelischer Reife zu tun.

Hildegarde mag vor allem ihr Mitgefühl, ihre Ungeduld dagegen gefällt ihr gar nicht.

Arlene Dahl freut sich über ihre positive Lebenseinstellung. Ärgerlich findet sie, daß sie häufig zu spät kommt, aber sie sagt, daß sie sich sehr bemüht, das zu ändern.

Jim Bouton nennt an erster Stelle seine Konzentrationsfähigkeit, an zweiter seine Offenheit, und an dritter seinen Sinn für Humor. Er sagt, sein Sinn für Humor habe es ihm ermöglicht, Situationen durchzustehen, die ganz grauenvoll gewesen wären, hätte er ihnen nicht eine komische Seite abgewinnen können. Er erinnert sich an ein Weihnachten, als er noch klein war und seine Familie nicht viel Geld hatte. Er hatte sich Geld gespart, um Weihnachtsgeschenke zu kaufen, es aber irgendwie verloren, und war nun todtraurig, weil er nichts für seine Familie hatte. Betrübt stellte er sich vor, wie es sein würde, wenn so gut wie nichts unter dem Christbaum läge. Dann aber hatte er eine Idee. Er ging durchs ganze Haus und sammelte Sachen wie Seifenstücke, Aschenbecher (die er saubermachte), Dosensuppen, Zahnpastatuben, alte Zeitschriften etc. ein, verpackte alles in Weihnachtspapier, schmückte es mit bunten Bändern und legte seine ›Geschenke‹ unter den Baum. Die Familie fand das einfach herrlich. Jims Sinn für Humor hatte das ganze Fest gerettet. Schlimm findet Jim, daß er ab und zu einen Wutanfall bekommt.

David Susskind erzählte mir, am meisten schätze er seine Ehrlichkeit, seine Freigebigkeit und seinen Sinn für Humor – sein Humor ist schon fast sprichwörtlich. Er sagte, er halte sich für einen guten Menschen. Was ihm an sich nicht gefiel, waren sein Hang zum Perfektionismus und die Tatsache, daß er hohe, manchmal zu hohe Anforderungen an sich und andere stelle.

Percy Sutton mag am liebsten sein Mitgefühl, seine Ehrlichkeit und seinen Sinn für Humor. Auch er ist ein sehr fröhlicher Mensch.

Henny Youngman sagt: »Ich finde mich einfach toll, lache viel, genieße das Leben und helfe gerne anderen. Was ich an mir nicht mag, ist, daß ich mich momentan beim Essen nicht zurückhalten kann. Aber ich arbeite daran.«

Sie sehen, man braucht kein Genie zu sein, um zu erkennen, wie wichtig es ist, sich selbst zu mögen. Es beeinflußt jede Sekunde unseres Daseins. Und das Bewußtsein, daß wir die Möglichkeit haben, unsere Meinung über uns selbst zu ändern, berechtigt zu Hoffnung auf Glück und Lebensfreude.

Nachwort

Nachdem Sie mein Buch jetzt durchgelesen haben, wissen Sie, wie ich über eine Menge Dinge und vor allem über Energie denke, und welche Gefühle ich damit verbinde. Und nun würde ich gerne etwas über Ihre Gedanken und Gefühle erfahren.

Deshalb möchte ich Sie bitten, sich selbst ein paar Fragen zu stellen:

1. Verfügen Sie über körperliche Energie?
   – über so viel Tatendrang, daß Sie nach einer Stunde Tennis noch lange nicht schlapp und erschöpft sind?
   – über so viel Elan und Tatkraft, daß Sie Ihren Haushalt auf Vordermann bringen können und dann immer noch gut gelaunt und entspannt sind, wenn Ihr Ehegespons, Lebensgefährte oder Mitbewohner von der Arbeit heimkommt?
2. Ist Ihr Nervenkostüm gut in Form?
   – so gut in Form, daß Sie keine Angstgefühle kennen, nicht gleich ausrasten und Ihr Ehegespons, Ihre Kinder oder Freunde anschreien, wenn etwas mal nicht so läuft, wie Sie es sich vorgestellt haben?
   – so gut in Form, daß Sie nicht an Depressionen leiden und Ihre Mitmenschen nerven?
3. Ist Ihr Körper gut in Form?
   – so gut in Form, daß Sie von Natur aus stolz und aufrecht gehen?

– so gut in Form, daß es Ihnen wirklich Freude macht, Ihre Figur im Spiegel anzuschauen?

4. Ist Ihr Liebesleben in Ordnung?

– so in Ordnung, daß Sie bei dem Gedanken daran gerade automatisch gelächelt haben?

– so in Ordnung, daß Sie *niemals* Schuldgefühle irgendwelcher Art empfinden?

5. Ist Ihr Selbstwertgefühl stark und positiv?

– so stark, daß es Ihnen egal ist, was andere Menschen von Ihnen halten?

– so stark, daß Sie mit jedem aufkommenden Selbstzweifel sofort mühelos fertig werden?

6. Sind Sie übertrieben kritisch?

– so kritisch, daß Sie dazu neigen, Dinge eher passiv zu kritisieren, anstatt aktiv etwas dagegen zu unternehmen?

– so kritisch, daß Sie manches, was Sie getan haben, später bereuen?

7. Sind Sie hartnäckig?

– so hartnäckig, daß Sie in Ihrem Leben fast alles erreicht haben, was Sie sich vorgenommen hatten?

– so hartnäckig, daß Sie sich einfach weigern, ein Nein als Antwort zu akzeptieren, wenn Sie sich etwas in den Kopf gesetzt haben?

8. Sind Sie liebenswert und liebesfähig?

– so liebesfähig, daß Sie wirklich gut auf sich selbst aufpassen?

– so liebenswert, daß Ihre Mitmenschen sich um Sie kümmern, weil sie wissen, daß Sie ein liebenswerter und liebesfähiger Mensch sind?

9. Haben Sie ein starkes, gesundes Ego?

– ein so gesundes Selbstbewußtsein, daß Sie kaum jemals an sich zweifeln?

– ein so starkes Selbstwertgefühl, daß Sie glauben, alles erreichen zu können, wenn Sie sich nur voll und ganz dafür einsetzen?

10. Haben Sie das Gefühl, sich wirklich selber zu mögen?
– sich so zu mögen, daß Sie sich kaum jemals selbst herabsetzen?
– sich so zu mögen, daß Sie sich auf sich selber mehr verlassen können als auf all Ihre Mitmenschen?

1. Wie wichtig ist es Ihnen wirklich, über körperliche Energie zu verfügen? Ist es Ihnen wert – nachdem Sie das erste Kapitel gelesen haben –, dafür den *Dynamite Energy Shake* und die Vitamine wenigstens einen Monat lang auszuprobieren? Und sollten Sie sich nach einem Monat nicht absolut topfit und voller Tatendrang und Unternehmungslust fühlen, was haben Sie dann verloren? Fünf Minuten pro Tag verschwendet? Der Trank und die Vitamine können Ihnen nicht schaden, und denken Sie doch nur daran, was sie mir gebracht haben und wie sie mein ganzes Leben hin zum Besseren verändert haben.

Das Schlimmste, was Ihnen passieren kann, ist, daß Sie gesund – oder gesünder – werden und über mehr Energie verfügen, als Sie sich jemals vorstellen konnten.

Also überwinden Sie Ihren inneren Schweinehund und probieren Sie meine Ratschläge aus. Und bereiten Sie sich schon mal darauf vor, vor Tatkraft und Energie geradezu zu bersten.

2. Wie wichtig ist es Ihnen wirklich, nervlich ruhig

und ausgeglichen zu sein? Ist es Ihnen wert, dafür auf den Genuß von Bonbons, zuckerhaltigen Getränken, Kuchen, Schokolade und Keksen, kurz: auf alles ungesunde Essen und jede Art von Zucker zu verzichten? Sind Sie gewillt, Ihren Alkoholkonsum auf ein Minimum zu reduzieren? Schaffen Sie es, von Ihren Drogen loszukommen? (Zigaretten und Kaffee *sind* Drogen, auch wenn Sie das bisher nicht wahrhaben wollten.) Das Ausmaß, in dem Sie diese Dinge aus Ihrem Leben verbannen, ist der Maßstab dafür, was gute Nerven und Gesundheit wirklich für Sie bedeuten. Klar können Sie alles auf ein gewisses Maß herabschrauben und sich damit zufriedengeben, sich ein *bißchen* besser zu fühlen – das ist natürlich ein Schritt in die richtige Richtung. Ist Ihnen aber an echten Resultaten gelegen, müssen Sie all diese Dinge loswerden – und zwar so schnell wie möglich.

Irgendwo habe ich mal den folgenden Spruch gelesen: ›Sie können im Leben alles bekommen, was Sie wollen – es hängt nur davon ab, was Sie dafür aufzugeben bereit sind.‹

3. Wie wichtig ist es Ihnen wirklich, einen attraktiven Körper zu haben, der auch in Topform ist? Ist es Ihnen wert, dafür täglich ein paar kurze Gymnastikübungen (anfangs reicht eine Minute pro Tag) zu machen? Haben Sie angefangen, den Energietrank und die Vitamine zu nehmen, werden Sie natürlich automatisch mehr Energie haben, und es wird Ihnen schwerfallen, sich *nicht* mehr zu bewegen. Ihr Bewegungsdrang und Ihre Unternehmungslust werden nämlich immens zunehmen. Die erste Übung, eine Atemübung, die Sie direkt nach dem

Aufwachen noch im Bett absolvieren, wird Ihre Haltung verbessern und dafür sorgen, daß es Ihnen leichter fällt, sich gerade zu halten. Denken Sie doch bloß, was für ein tolles Feeling es sein wird, einen Bikini anzuziehen und zu wissen, daß man selbst darin eine Superfigur hat. Stellen Sie sich vor, wie es sein wird, vor dem Spiegel zu stehen und von dem, was Sie darin sehen – einen durchtrainierten Körper ohne überflüssige Fettpolster – begeistert zu sein. Und das tut nicht nur Ihrem eigenen Selbstwertgefühl gut, sondern es wird auch Ihre Umgebung mitreißen. Wenn die anderen sehen, was Sie erreicht haben, werden sie nicht nur Augen machen, es wird sie auch motivieren, Ihrem Beispiel zu folgen. Irgend jemand muß immer der erste sein. Wäre es nicht toll, wenn diesmal Sie die führende Rolle spielten?

Setzen Sie Ihre Ziele nicht zu niedrig an – geben Sie sich nicht mit zuwenig zufrieden. Sie *können* eine Superfigur bekommen. Stellen Sie sich doch nur vor, wie hinreißend Sie aussehen werden, wenn all die überflüssigen Fettpölsterchen verschwunden sind und die wichtigen Rundungen so richtig zur Geltung kommen. Nicht schlecht, was?

4. Wie wichtig ist es Ihnen wirklich, ein glückliches Liebesleben zu führen? Sind Sie mit mir der Ansicht, daß zwei Erwachsene, die einander lieben, alles miteinander machen können, was beiden gefällt, ohne deshalb Schuldgefühle entwickeln zu müssen? Daß Scham- und Schuldgefühle jeder Art endgültig verbannt gehören, weil es nämlich überhaupt nichts gibt, wofür man sich schämen müßte. Sind Sie erst einmal soweit, Sex als das anzusehen,

was er wirklich ist – eine ganz normale Körperfunktion wie Essen und Trinken –, dann wird Ihnen auch klar, daß nur ein exzessives Zuviel oder Zuwenig schädlich sein können. Sich mit Essen vollzustopfen ist genauso ungesund, wie den Körper gänzlich auszuhungern.

Objektiv gesehen ist Sex eine Körperfunktion und gehört zu einem gesunden Organismus einfach dazu. Wem Gesundheit also etwas bedeutet, der sollte auch Sex mit einbeziehen. Darüber hinaus zählt er zu den größten Freuden, die uns Menschen offenstehen. Er ist eine der Quellen des Vergnügens, von denen es leider oftmals viel zu wenige zu geben scheint. Machen Sie es also genauso wie mit allen guten Dingen, die das Leben zu bieten hat: Lernen Sie, ihn zu genießen.

Ein erster Schritt besteht darin, herauszufinden, was Ihre/n Liebste/n anturnt. Sie werden überrascht sein, wie aufregend es ist, jemanden zu erregen, und in welchem Ausmaß das wiederum Sie selber erregen wird. Scheuen Sie sich nicht, ihm oder ihr Fragen zu stellen. Lassen Sie ihn oder sie spüren, daß Sie Liebe empfinden. Unterhalten Sie sich ganz natürlich und locker darüber, und tauschen Sie offen Ideen aus. Einer von Ihnen beiden muß den Anfang machen – warum nicht Sie? Die psychische und seelische Entspannung wird Sie in Hochstimmung versetzen, und ist Ihre sexuelle Beziehung einmal frei von Verklemmung und falscher Scham wird das physische Loslassen zum glücklichsten Moment Ihres Lebens werden.

5. Wie wichtig ist es Ihnen wirklich, ein starkes Selbstwertgefühl zu besitzen? Ist es Ihnen wert, da-

für täglich ein paar Minuten (am Anfang reicht sogar eine einzige Minute) zu opfern, um einige geistige Übungen zu machen, die Ihre Selbsteinschätzung langsam, aber sicher zum Positiven hin verändern? Wollen Sie anfangen, Ihre Psyche so zu trainieren, daß sie alle negativen Gedanken abblockt? Verbannen Sie einfach alle Negativismen aus Ihrem Hirn; ganz gleich, welcher Art sie sind, schmeißen Sie sie einfach raus. Versuchen Sie, einen klaren Kopf zu behalten, und in einem klaren Kopf haben negative Gedanken nichts verloren. Bemühen Sie sich, das so entstandene ›Vakuum‹ in Ihrem Kopf möglichst lange beizubehalten. Ist Ihnen das gelungen, haben also *Sie* Ihre Psyche im Griff und nicht mehr umgekehrt, dann können Sie damit beginnen, positive Gedanken einströmen zu lassen. Denken Sie daran, wie Sie sein wollen und was Sie erreichen möchten. Im Prinzip geht es nur darum zu erkennen, daß Ihre Selbsteinschätzung genau das ist, was das Wort ausdrückt – die Art und Weise, wie Sie sich *selbst* einschätzen. Und die zu ändern, liegt in *Ihrer* Hand. Haben Sie erst einmal Ihre Gedanken unter Kontrolle, können Sie Ihrem Verstand genau vorschreiben, was Sie wollen. Sind Sie gewillt, einen Versuch zu starten?

6. Wie wichtig ist es Ihnen wirklich, nicht überkritisch zu sein? Ist es Ihnen wert, dafür alle Nörgeleien und Kritteleien aufzugeben? Wenn es etwas gibt, sei es bei anderen oder Ihnen selbst, das Ihnen nicht gefällt, dann ändern Sie es, oder finden Sie sich damit ab – aber nörgeln Sie nicht bloß dauernd daran herum. Und sollte Sie der Drang befallen, zurückzuschauen und vergangene Handlungen zu be-

reuen, werden Sie es dann fertigbringen, sich selbst zu sagen, daß Sie damals so gehandelt haben, weil Sie so handeln mußten? Und daß es nichts gibt, was Sie jetzt noch dagegen unternehmen könnten? Auch wenn Sie heute ganz anders handeln würden, müssen Sie sich darüber im klaren sein, daß Sie die Vergangenheit nicht mehr ändern können. Und schließlich sind Sie da, wo Sie heute sind, weil oder obwohl Sie damals so gehandelt haben. Hätten Sie etwas anderes getan, sähe Ihr Leben heute ganz anders aus – und wer sagt Ihnen, daß es nicht viel schlimmer wäre, als es jetzt ist! Jede Handlung ist ein Glied in der Kette unseres Lebens, und wenn wir es austauschen, dann kann das den ganzen Lebensablauf verändern.

7. Wie wichtig ist es Ihnen wirklich, Beharrlichkeit und Ausdauer zu zeigen? Ist es Ihnen wert, dafür alles Zaudern und Zögern aufzugeben und nichts mehr auf morgen zu verschieben? Was Ihnen fehlt, wenn Sie ein wenig unentschlossen oder entschlußunfähig sind, ist ein klargesetztes Ziel; der brennende, sehnliche Wunsch, etwas Bestimmtes zu erreichen. Die meisten von uns haben nur eine ungefähre Idee davon, was sie aus ihrem Leben machen wollen; aber nur wer genau weiß, was er will, kann dieses Vorhaben auch zielstrebig verfolgen. Was ich sagen will, ist: Wie kann man etwas wirklich wollen, von dem man nur eine ungefähre Vorstellung besitzt?

Sie können sich nur dann voll und ganz für etwas einsetzen, wenn Sie eine exakte Vorstellung davon haben. Und es gibt Wege, das herauszufinden. Wie wäre es beispielsweise mit einem Eignungstest, wie ich ihn bereits beschrieben habe? Rufen Sie bei Ihrem Arbeitsamt an, und erkundigen Sie sich, wo solche Tests stattfinden; melden Sie sich am besten sofort zu einem an. Und wenn Sie das Ergebnis vorliegen haben, setzten Sie sich in Ruhe hin und konzentrieren Sie sich. Versuchen Sie herauszufinden, womit Sie den Rest Ihres Berufslebens am liebsten verbringen würden. Sobald Sie einen Entschluß gefaßt haben, ist der erste Schritt bereits getan. Sie sind auf dem richtigen Weg. Und Sie werden nicht glauben, wie hartnäckig Sie sein können, wenn Sie genau wissen, was Sie wollen.

›Mensch, erkenne dich selbst.‹ Aristoteles war ein unheimlich weiser Mann. Horchen Sie doch einfach einmal in sich hinein, und lernen Sie sich selber kennen. Ihr Inneres Ich, der innerste Teil von Ihnen, Ihr Unterbewußtsein (oder höheres Selbst, wie ich es nenne) weiß nämlich genau, wo es langgeht. Sie müssen nur darauf hören. Und wenn Sie darauf hören, werden Sie die Chance bekommen, Ihre Hartnäckigkeit und Ihr Durchsetzungsvermögen unter Beweis zu stellen. Horchen Sie so lange in sich hinein, bis Sie eine Antwort auf Ihre Frage erhalten haben – und Sie werden eine bekommen, verlassen Sie sich darauf. Sie dürfen nur nicht voreilig aufgeben.

8. Wie wichtig ist es Ihnen wirklich, liebenswert und liebesfähig zu sein? Ist es Ihnen wert, sich dafür endlich einmal mit sich selbst zu beschäftigen? Denn nur wer auf sich selbst achtet, kann auch anfangen, sich um seine Umwelt zu kümmern. Versuchen Sie zu erkennen, daß Sie sich in erster Linie zunächst um sich selber kümmern müssen, weil es Ihnen sonst nämlich nicht möglich sein wird, sich

anderen zu widmen. Denken Sie an die Mutter, deren ganzes Leben sich nur um ihre Kinder gedreht hat und die dann am Boden zerstört ist, wenn diese sie als Erwachsene ablehnen. Sie hat nur und ausschließlich für sie gelebt. Sie hat sich nie um ihr Aussehen gekümmert, solange nur die Kinder gut angezogen waren, und deshalb wirkt sie so verlottert, daß diese sich ihrer jetzt schämen. Sie hat sich nie für irgend etwas interessiert, solange nur die Kinder beschäftigt waren, und deshalb wurde sie fade und langweilig. Sie stopfte ungesundes Essen in sich hinein, sorgte aber dafür, daß die Kinder von allem nur das Beste bekamen und täglich ihre Vitamine nahmen und ihre Milch tranken. Sie fühlte sich fast immer elend und meckerte immer an allem herum – wußten ihre Kinder denn nicht, daß alles nur zu ihrem Besten war? Kein Wunder, daß sie sie heute zurückweisen. Sie hat sie unbewußt zu ihrem Besitz gemacht. Aber hat sie nicht alles für sie aufgegeben?

So läuft das nun mal nicht.

>Seien Sie sich selbst gegenüber ehrlich.< Sie müssen sich zuallererst um sich selbst kümmern, und dann, sobald Sie glücklich sind, werden Sie automatisch anfangen, auch für andere zu sorgen. Wenn Sie daran glauben, von Gott oder dem Heiligen Geist oder der Liebe oder Irgend jemand oder irgend etwas erschaffen worden zu sein, und er / sie / es intelligent genug war und sich genug Gedanken über Sie gemacht hat, um Sie zu erschaffen, sind Sie es ihm / ihr / ihm dann nicht schuldig, sich gleichfalls um sich Gedanken zu machen und sich um sich selbst zu kümmern?

Man kann nur etwas weitergeben, was man selber besitzt. Also lassen Sie die Liebe in Ihr Leben treten, und lernen Sie, sich um sich selbst zu kümmern. Dann wird irgendwann so viel Liebe in Ihnen stekken, daß Ihr Herz davon überquillt und daß Sie sie an jeden weitergeben, der mit Ihnen in Berührung kommt.

Wie man lernen könne, sich selbst zu lieben, fragen Sie? Zunächst einmal müssen Sie dafür sorgen, daß Ihr Körper gesund ist und auch etwas dafür tun. Arbeiten Sie daran mindestens genauso hart, wie Sie es in Ihrem Beruf tun, denn schließlich ist Ihr Körper doch viel, viel wichtiger als jeder Job. Schließlich ist es Ihr Leben. Denken Sie an sich selbst. Scheuen Sie sich nicht, in sich hineinzuhorchen. Blicken Sie in Ihr Inneres, und stellen Sie sich selbst Fragen über sich. Sie können mir glauben: Ihr Unterbewußtsein oder höheres Selbst oder inneres Ich weiß, was Sie brauchen, und wird es Ihnen auch verraten. Sie müssen nur darauf hören. Sie verwenden soviel Zeit auf andere Menschen und andere Dinge. Schenken Sie auch sich selbst ein wenig Zeit. Und wenn es anfangs nur eine Minute am Tag ist, direkt nach dem Aufwachen oder während der Frühstückspause. Sie können es ja langsam steigern.

Natürlich ist kein Extrem gut. Narzißmus ist schlimm genug, aber das Gegenteil davon ist noch viel schlimmer. Versuchen Sie, sich selber etwas Gutes zu tun. Essen Sie Joghurt statt Eiskrem, weil das gut für Ihre Gesundheit ist. Lassen Sie das Rauchen sein, und trinken Sie Kräuter- oder Früchtetee statt Kaffee, weil Sie ja von jetzt an zuerst an sich selbst denken. Sie werden die Verbesserung spüren, und auch die Menschen um Sie herum werden bemerken, daß Sie auf einmal besser gelaunt und ein noch netterer Mensch geworden sind. Selbstbewußtsein und Selbstwertgefühl anstelle von Selbstlosigkeit. Glauben Sie mir: Sie haben nur sich selbst, und wenn Sie sich nicht gut behandeln, dann wird es auch kein anderer tun.

Andere Menschen beurteilen Sie immer so, wie Sie sich selbst einschätzen, und wenn Sie sich selbst für einen wertvollen Menschen halten, dann werden alle Leute, mit denen Sie in Berührung kommen, genau dasselbe denken. Sie werden Sie besser und zuvorkommender behandeln, Sie werden freundlicher zu Ihnen sein, und die Liebe wird alles durchdringen.

9. Wie wichtig ist es Ihnen wirklich, ein starkes und gesundes Ego zu besitzen? Ist es Ihnen wert, sich dafür anzustrengen und etwas zu tun, was Ihr Selbstwertgefühl gewaltig aufbauen wird? Denn das ist die Grundvoraussetzung für jedes starke, gesunde Ego. Kein Mensch wird damit geboren. Natürlich bilden wir als Kinder alle den Mittelpunkt unserer eigenen kleinen Welt, unsere Mami kommt, wenn wir schreien, und wir sind eigentlich richtiggehende kleine Tyrannen. Doch bald sind wir alt genug, um zu merken, daß Mami und Papi keineswegs alles liegen- und stehenlassen, um uns einen Gefallen zu tun, und das gibt dann ein böses Erwachen. Sobald wir also nicht mehr völlig von den Erwachsenen abhängig sind, erfährt unser kleines Ego einen echten Imageverlust.

Selbstbewußtsein und Selbstwertgefühl jedes Menschen hängen direkt mit erreichten Erfolgen zusammen – sei es das Backen einer phänomenalen Sahnetorte, das Züchten einer seltenen Rosenart, die Tatsache, daß Sie der beste Bossanovatänzer oder

der wildeste Trompeter Ihres Viertels sind, der Kauf eines superteuren Sportwagens oder aber ein dickes Bankkonto. Selbstverständlich hat ein Ego, das alleine auf materiellen Besitz aufgebaut ist, einen sehr wackeligen Stand. Was passiert zum Beispiel, wenn Sie alles Geld verlieren und es nicht wiederbeschaffen können? Ein Talent zu fördern und damit Erfolge zu erzielen, ist dagegen ein dauerhafter Ego-Trip, und darüber hinaus auch einer, für den Sie sich ehrliches Lob verdient haben, weil Sie sich etwas selbst erarbeitet und erschaffen haben.

Jeder, mit dem ich gesprochen habe (und es waren wirklich erfolgreiche Menschen dabei) – ausnahmslos jeder –, sagte mir, er habe ein starkes, gesundes Ego. Auf meine Frage, worauf sie dies zurückführten, antwortete mir jeder – ausnahmslos jeder –, es hänge vor allem mit seinen Erfolgen zusammen. David Susskind, Buddy Rich, Arlene Dahl, Alex Cohen, Virginia Graham, Sheila MacRae, Jom Bouton, Dr. Joyce Brothers, Percy Sutton, Sammy Cahn, Walter Blum, Hildegarde, Henny Youngman, Monique Van Vooren, Dr. Benjamin Frank, Serge Obolensy und viele andere – sie alle haben mir bestätigt, daß ihr Ego sich erst gefestigt hat, als sie Erfolge verbuchen konnten.

Die meisten sagten jedoch auch, daß sie von jeher den inneren Drang verspürt hätten, es zu etwas zu bringen. Irgend etwas hätte sie vorwärts getrieben. Natürlich kann nicht jeder ein Star werden, und viele wollen es auch gar nicht. Jeder Mensch hat andere Wünsche und Sehnsüchte. Und auch andere Bedürfnisse. Für einige mag es den Himmel bedeuten, im Rampenlicht zu stehen, während andere lieber im verborgenen wirken. Auch ein gelungener selbstgestrickter Pulli oder die Arbeit mit behinderten Kindern können Erfüllung bringen und dafür sorgen, daß sich der oder die Betreffende wichtig und gebraucht fühlt.

Eines aber müssen Sie wissen: Sie müssen etwas *tun*. Nicht darüber reden oder darüber nachdenken, sondern handeln. Und wenn Sie das durchziehen, dann werden Sie merken, daß Ihr Ego um so stärker wird, je näher Sie dem gesetzten Ziel kommen, und je mehr Sie erreicht haben, desto glücklicher werden Sie auch sein.

10. Wie wichtig ist es Ihnen wirklich, sich selbst zu mögen? Sind Sie gewillt, die These zu akzeptieren, daß sich selbst zu mögen der Schlüssel zum Glücklichsein, die Basis aller Freude ist? Denken Sie einmal darüber nach, was ich damit zum Ausdruck bringen will. Es ist ein ganz schön positives Statement, oder? Aber ich weiß, daß ich damit recht habe. Wenn Sie sich selber mögen, dann bedeutet das, daß Sie Dinge tun, die der Mühe wert sind. Wir können uns selber nicht vormachen, daß wir glücklich sind. Wir wissen, wann wir Freude empfinden und wann nicht. Stimmt doch, oder? Wir können uns selber vieles vormachen, aber nicht, daß wir glücklich sind. Entweder wir sind es, oder wir sind es nicht. Und wenn wir glücklich sind, dann deswegen, weil wir Dinge tun, die wir für sinnvoll erachten. Und wenn wir in der Lage sind, sinnvolle Dinge zu tun, dann müssen wir auch selber etwas wert sein. Und wenn wir davon überzeugt sind, etwas wert zu sein, dann mögen wir uns auch.

Auch hier gilt wieder: Suchen Sie sich ein paar relativ einfache Sachen aus, die Sie tun können, um

Ihr Selbstwertgefühl zu steigern. Nehmen Sie sich zum Beispiel vor, nur noch halb so viele Tassen Kaffee oder weniger Martinis zu trinken wie bisher, oder vor der Frühstückspause nicht mehr zu rauchen. Selbst wenn Sie nur ein Viertel der bisher konsumierten Menge streichen, ist das nicht zu verachten und wird Ihr Leben gewinnbringend verändern, weil es Ihnen zeigt, was Sie mit Ihrem Willen alles zustande bringen. Und es wird Ihnen weiß Gott auch gesundheitlich bessergehen, wenn Sie pro Tag zwei Tassen Kaffee oder zwei Martinis oder fünf Zigaretten weniger konsumieren. Oder Sie nehmen sich vor, eine U-Bahn-Station oder zwei Bushaltestellen weiter zu laufen, und nicht die nächstgelegene zu benutzen. Sie wissen, daß Ihnen die zusätzliche Bewegung guttut, und vielleicht lassen Sie in der darauffolgenden oder in der übernächsten Woche sogar schon drei Haltestellen aus. Auf diese Art und Weise bekommen Sie viel Bewegung, und Sie werden sich physisch und psychisch wesentlich besser fühlen. Oder Sie fassen den Vorsatz, Ihren Mann nur liebevoll anzublicken und den Mund zu halten, wenn er Sie das nächste Mal aus irgendeinem Grund anfährt. Das ist zwar sehr schwierig, aber keineswegs unmöglich. Und was glauben Sie, was ein solcher Akt der Selbstbeherrschung für ein super Gefühl hinterläßt! Oder was halten Sie davon, ein paar Leute zusammenzutrommeln, um zusammen zu musizieren? Singen macht Spaß, und es ist auch eine gute Übung, denn um ordentlich singen zu können, müssen Sie Ihre Atmung genauestens kontrollieren.

Es gibt so viele sinnvolle Kleinigkeiten, die Sie tun können. Sie brauchen sich nur ein bißchen Zeit zum

Nachdenken zu nehmen, und ich bin sicher, Ihnen fällt etwas Tolles ein. Jeder Mensch ist ein Individuum, und jeder hat andere Bedürfnisse, die er befriedigt wissen möchte. Wenn Sie jedoch anfangen, sich selber einen Gefallen zu tun, werden Sie feststellen, daß Sie, was Glück und Zufriedenheit angeht, längst nicht mehr so abhängig von anderen sind. Und das ist etwas wirklich Positives. Das Gefühl, sich auf sich selber verlassen zu können, ist etwas ganz Tolles. Und ein gesundes Selbstbewußtsein verschafft echte Zufriedenheit. Ganz egal, was andere davon halten oder dazu sagen – Sie wissen, daß Sie das Richtige tun und damit letztlich auch Erfolg haben werden. Und Sie werden sich selbst noch viel mehr mögen, wenn Sie wissen, daß Sie frei und unabhängig sind.

Anmerkung für meine Leser

Es gibt etwas, das ich Ihnen allen mehr als alles andere auf der Welt wünsche: Daß Sie anfangen, vom Leben das zu *erwarten*, was Sie sich wünschen, daß Sie sich nicht durch falsche Schamgefühle oder Schuldkomplexe oder Angst davon abhalten lassen, und daß Sie wissen – nicht glauben oder denken oder meinen, sondern *wissen* –, daß Sie alles, was Sie sich im Leben wünschen, auch tatsächlich verdienen.

Und sobald Sie erkannt haben, daß das Gute – oder Gott oder Ihr höheres Selbst oder wie immer Sie es nennen wollen – die Quelle Ihrer Kraft ist, dann werden Sie auch alles *bekommen*, was Sie sich vom Leben erwarten.

Weiterführende Literatur

Die hier angegebenen Titel liegen in Deutsch teilweise nicht vor und können nur über den auf angloamerikanische Literatur spezialisierten Buchhandel bezogen werden.

Die Essays von Ralph Waldo Emerson:

›Selbstvertrauen‹
›Kompensation‹
›Geistige Gesetze‹
›Liebe‹
›Freundschaft‹
›Klugheit‹
›Heroismus‹
›Die Überseele‹
›Kreise‹
›Intellekt‹
›Kunst‹
›Der Dichter‹
›Erfahrung‹
›Charakter‹
›Sitten‹

Ralph Waldo Emerson war ein amerikanischer Essayist, Philosoph und Dichter. Seine Schriften zählen zu dem Besten und Brillantesten, was ich jemals gelesen habe. Als ich neunzehn war, schenkte mir jemand die *Gesammelten Werke von*

Ralph Waldo Emerson, und ich lese sie wirklich jedes Jahr wieder durch – und jedesmal lerne ich dabei etwas Neues. Die Einblicke, die ich der Lektüre der Werke dieses wunderbaren Schriftstellers zu verdanken habe, beeinflußten mich in jeder Lebensphase und gaben mir viel Kraft.

Neurosis and Human Growth – Neurose und menschliches Wachstum von Dr. med. Karen Horney.

Dr. Horney vertritt die Ansicht, daß wir unter günstigen Voraussetzungen dazu in der Lage sind, unser wahres Potential zu erkennen. Innerer Streß dagegen führe dazu, daß wir uns von unserem wahren Selbst entfernten und von Zweifeln und Selbsthaß geplagt werden. In Neurosen sieht Dr. Horney das Gegenteil zum gesunden Wachstumsprozeß und hebt in diesem Buch die Bedeutung der Selbstbefreiung hervor, die zu wahrer Selbsterkenntnis führt.

Our Inner Conflicts – Unsere inneren Konflikte von Dr. med. Karen Horney.

Dr. Horney meint auch, daß wir es schaffen können, unsere Konflikte aus eigener Kraft zu lösen. Dazu bräuchten wir jedoch viel Ausdauer, denn es sei ein weiter Weg zum Erfolg. Das ist das Thema dieses Buches.

The Healing Factor: Vitamin C Against Disease von Irwin Stone

Irwin Stone kommt das Verdienst zu, Linus Paulings Interesse für Vitamin C geweckt zu haben, der ihm denn auch sein eigenes Buch gewidmet hat (siehe unten). Hier erfahren Sie alles, was man über dieses heilungsfähige Vitamin wissen sollte.

Vitamin C and the Common Cold – *Das Vitamin-Programm* von Linus Pauling (liegt in Deutsch vor).
Ein fantastisches Buch des berühmten Nobelpreisträgers. Sie erfahren hier, daß Vitamin C möglicherweise gar kein richtiges Vitamin ist, sondern ein Stoff, der ursprünglich wohl von der Leber produziert wurde. Während die meisten Tiere so ihr eigenes Vitamin C herstellen, hat der Mensch diese Fähigkeit schon vor Jahrmillionen verloren.

Let's Eat Right to Keep Fit von Adelle Davis.
Das beste Buch über Ernährung, das ich kenne. Leicht zu lesen und wirklich hochinteressant.

Let's Get Well von Adelle Davis.
Dieses Buch liefert eine Unmenge detaillierter Informationen zu spezifischen Gesundheitsproblemen und Krankheiten. Wenn Sie *Let's Eat Right to Keep Fit* ausgelesen haben, sollten Sie sich dieses Buch besorgen. Es wird Sie nicht enttäuschen.

Vitamin E: Your Key to a Healthy Heart (*The Suppressed Record of the Curative Values of This Remarkable Vitamin*) von Herbert Bailey.
Dieses Buch berichtet, was die in der traditionellen Medizin verhafteten Mitglieder der American Medical Association unternommen haben, um eine Sperre gegen Vitamin E zu errichten, mit dem man in Europa bereits spektakuläre Erfolge erzielt hatte. Es enthält auch wissenschaftliche

Daten, die beweisen, daß massive Dosen Vitamin E bei bestimmten Krankheitsfällen verblüffende Wirkung zeigen.

Stay Young Longer von Linda Clark.
Leicht lesbar beschreibt Linda Clark in diesem wunderbaren Buch natürliche »Wundermittel« und das Wichtigste über Ernährungslehre.

Psycho-Cybernetics (in Deutsch liegt vor *So können Sie werden, wie Sie sein wollen* und *Erfolg kommt nicht von ungefähr*) von Dr. med. Maxwell Maltz.
Dies wäre eines der sprichwörtlichen fünf Bücher, die ich auf eine einsame Insel mitnehmen würde. Grundthema ist die Psychologie der Selbsteinschätzung. Ich habe das Buch mindestens fünfmal gelesen und finde es immer wieder grandios.

Ten Days to a Great New Life von William E. Edwards.
Ein wirklich gutes Buch über ›Hilfe zur Selbsthilfe‹. Lesen Sie dieses Buch, sobald Sie angefangen haben, meinen Energietrank und die Vitamine regelmäßig zu nehmen.

Power through Constructive Thinking (in Deutsch liegt vor *Die Kraft der universellen Energie*) von Emmett Fox.
Selbst wenn Sie in diesem Buch nur das Kapitel ›Die Sieben-Tage-Mental-Diät‹ lesen, könnte dies Ihr ganzes Leben verändern. Aber ich muß Sie warnen: Diese Diät ist schwieriger als jede andere, die Sie jemals gemacht haben.

The Prophet (in Deutsch liegt vor *Der Prophet*) von Kahlil Gibran.

Ein Meisterwerk der Philosophie, in dem der Verfasser über die Liebe, die Ehe, das Geben, über Arbeit und Freude, Kummer, Schmerzen, Freundschaft, Vergnügen und Tod in so wunderbaren Worten spricht, daß Sie sie nie mehr vergessen werden.

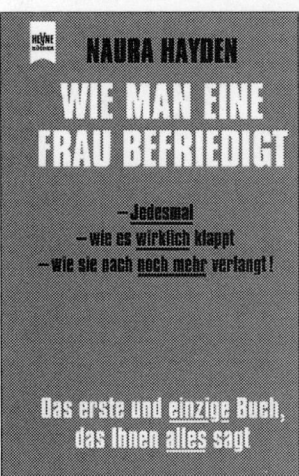

Sucht und Abhängigkeit

19/355

Wilhelm Heyne Verlag
München

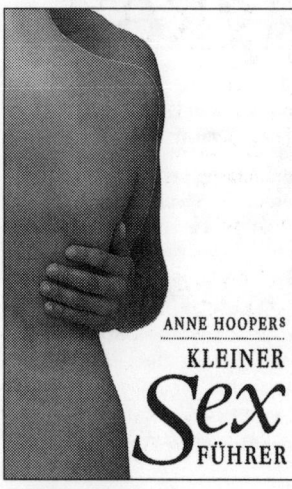

Sexualität, Liebe und Partnerschaft

Erika Berger
Die Körpersprache der Erotik
08/9440

Alan P. und Donna Brauer
**ESO - Extensiver
Superorgasmus**
*Wie Sie und Ihr Partner höchste
Erfüllung finden*
08/9404

Michael & Dorothy Clark
Sexual Joy
*Liebe, Erotik und Sexualität in der
Partnerschaft*
08/9345

Barbara DeAngelis
Happy together
*Liebe beginnt im Kopf - der mentale
Weg zu mehr Harmonie und
sexueller Erfüllung*
08/9431

Naura Hayden
Wie man eine Frau befriedigt
01/8735

Naura Hayden
**Wie man ein guter
Liebhaber wird**
01/9052

Warwick Williams
Wenn die Liebe erlahmt
*Potenzstörungen - psychische
und körperliche Ursachen
der Versagensängste*
08/9446

Dr. Maurice Yaffe /
Elisabeth Fenwick
Happy Sex für Sie
Mehr Spaß am Sex
08/9362

Dr. Maurice Yaffe /
Elisabeth Fenwick
Happy Sex für Ihn
Mehr Spaß am Sex
08/9363

Wilhelm Heyne Verlag
München